GATTI E GATTINI

STRESS RELIEVING GATTI DA COLORARE LIBRO EDIZIONE

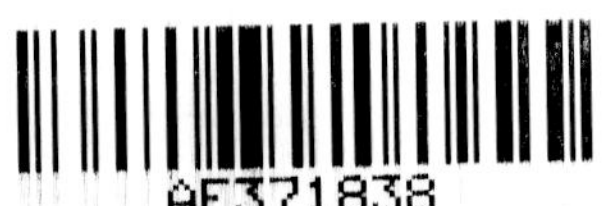

Coloring Bandit

Pubblicato da Speedy Publishing Canada Limited

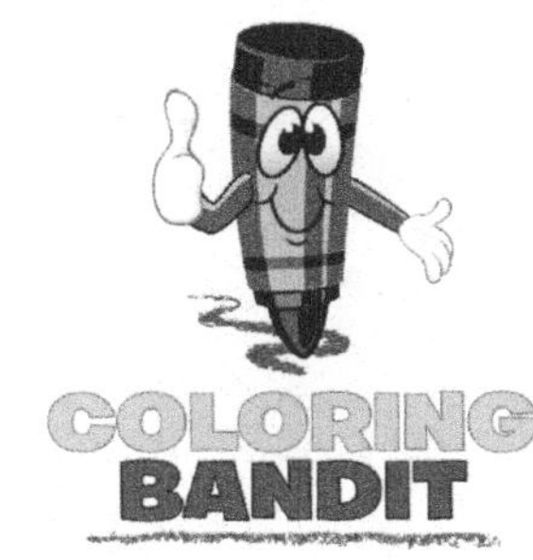

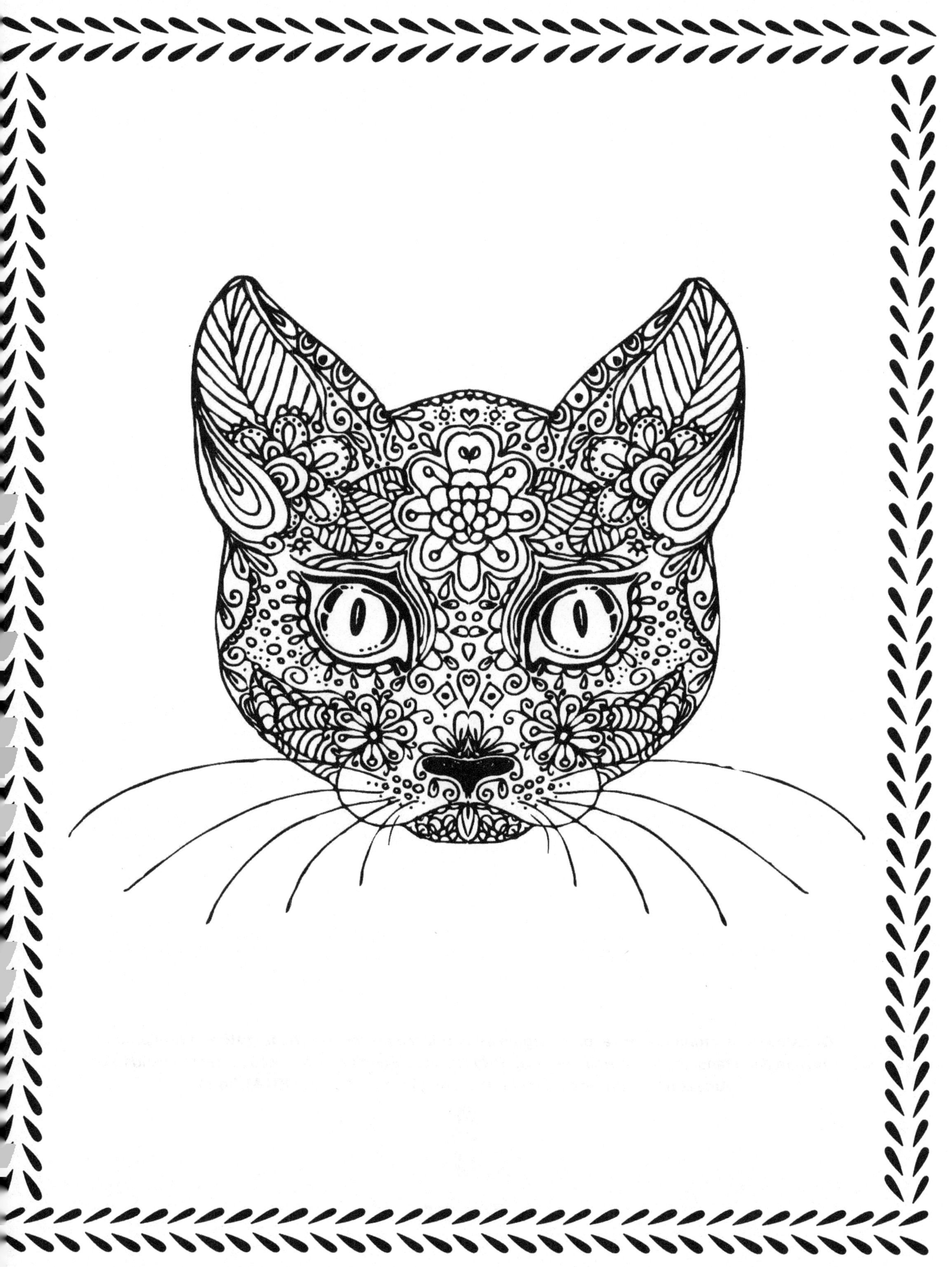

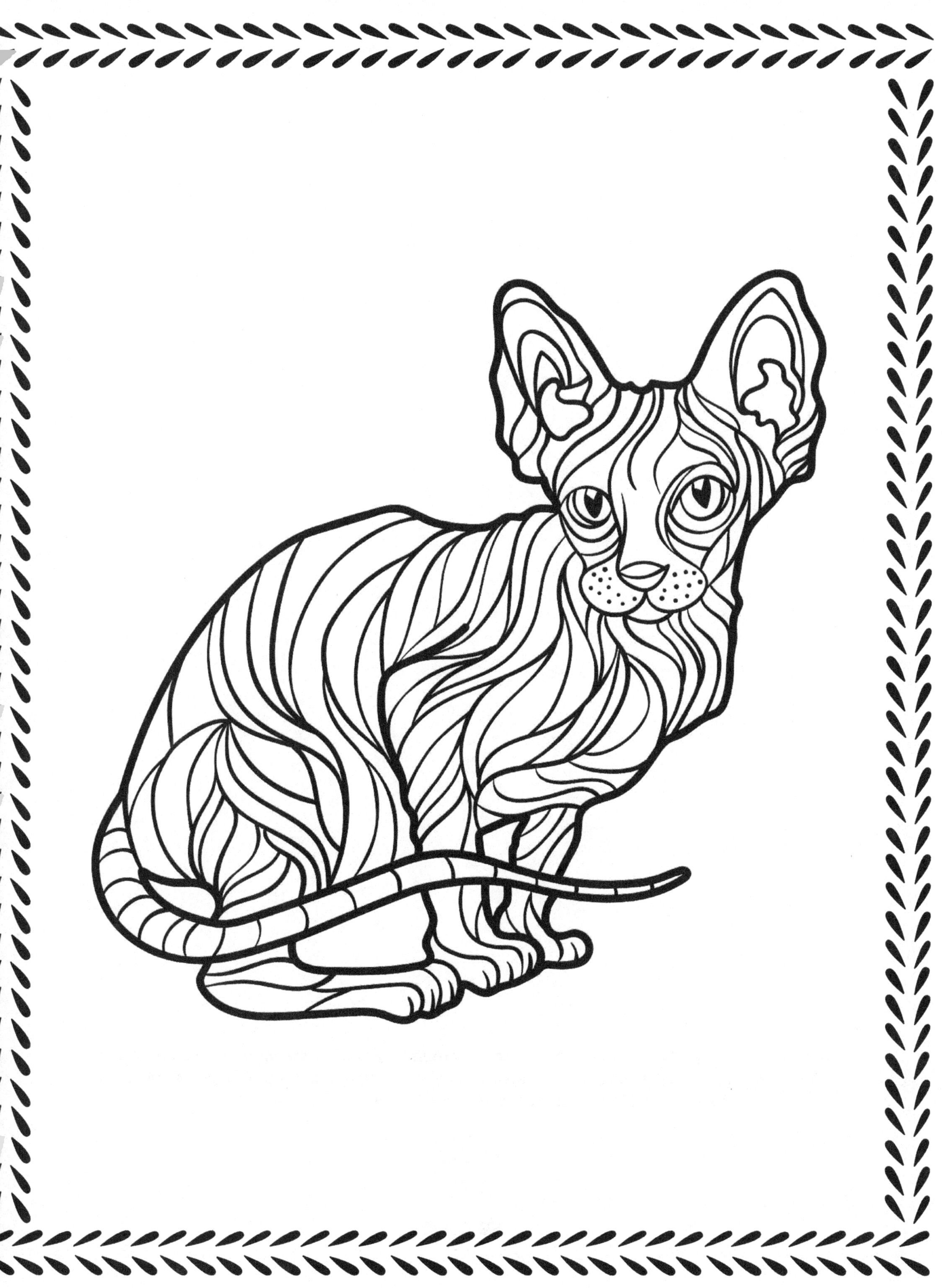

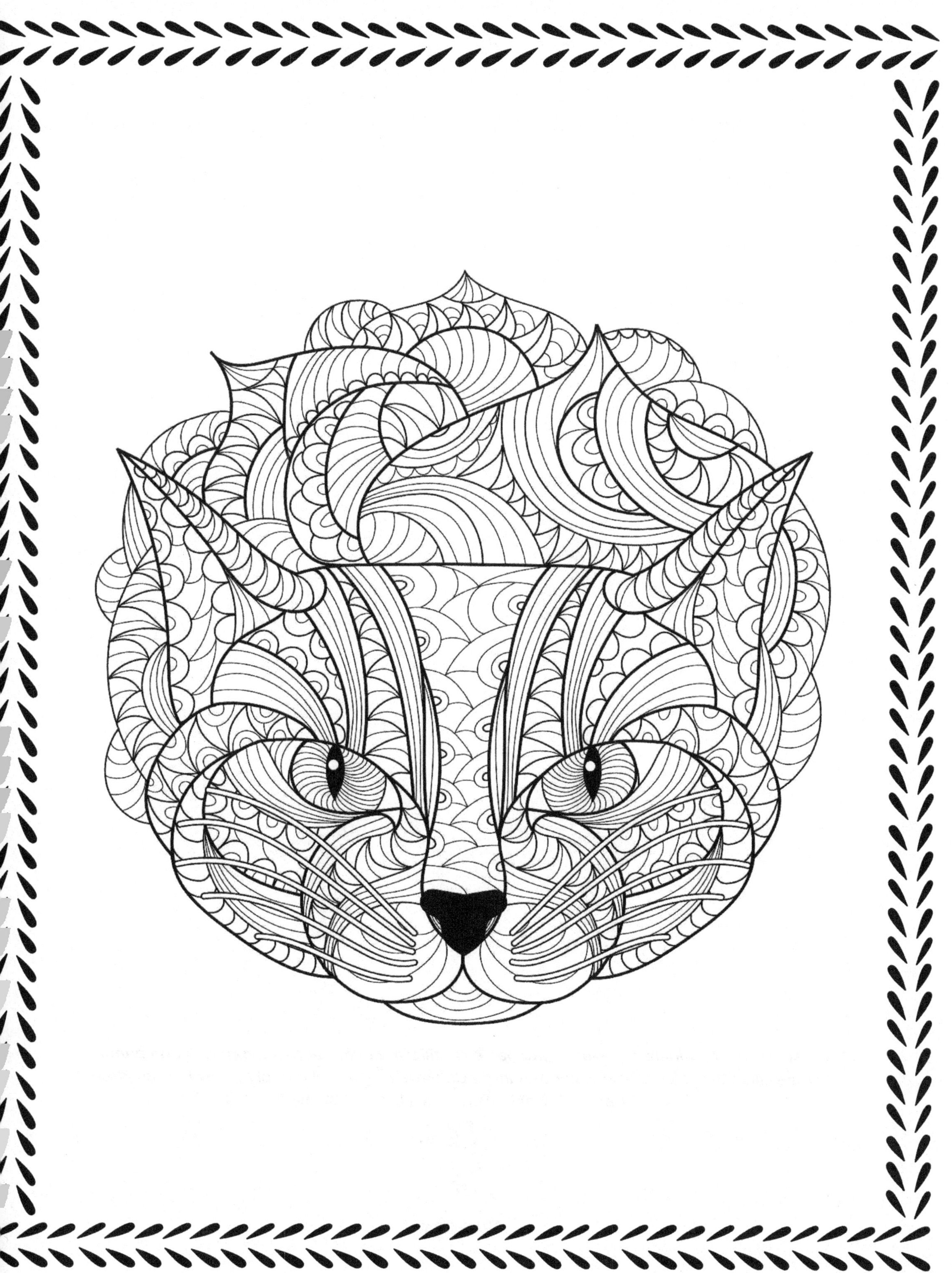

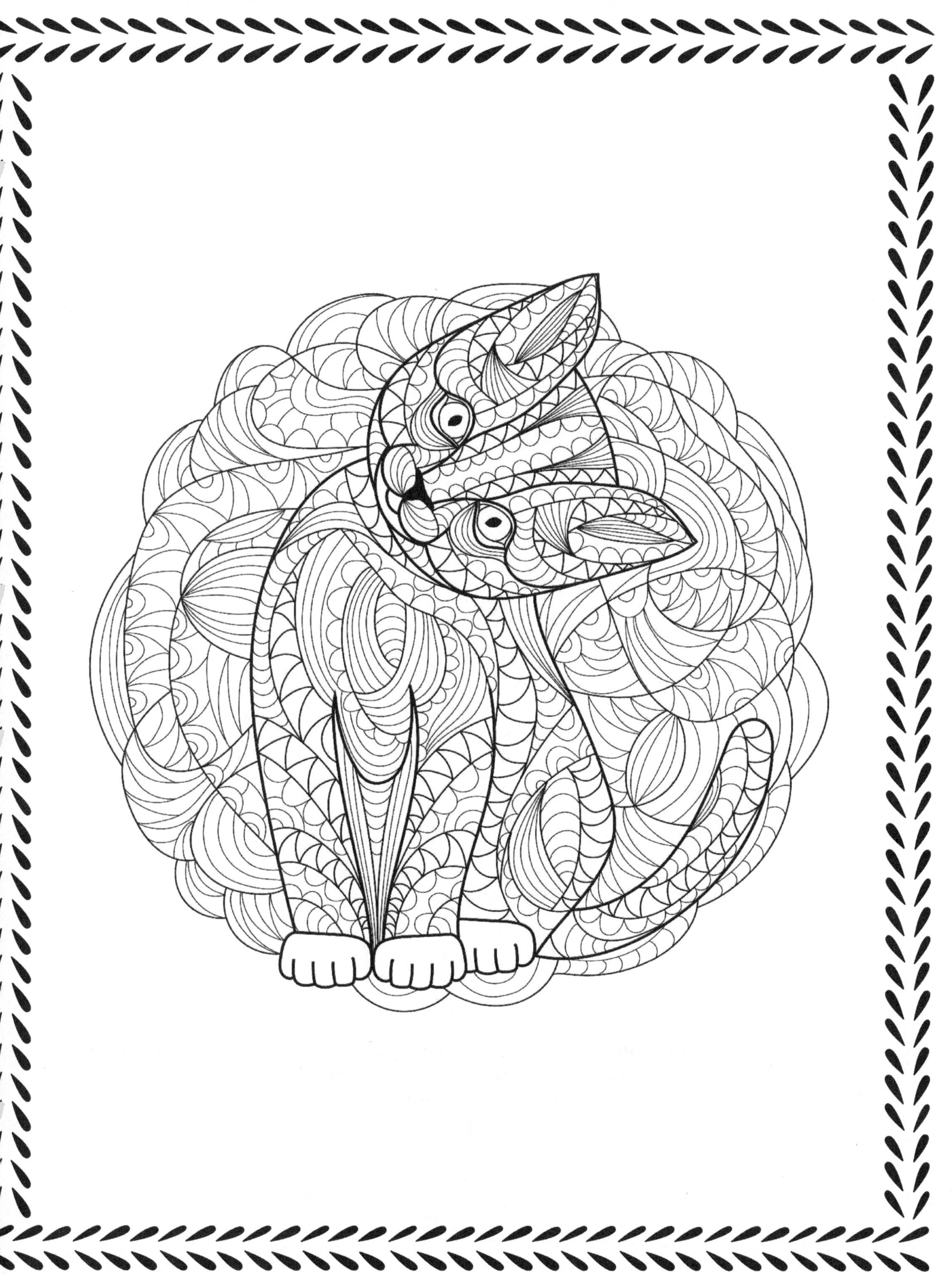

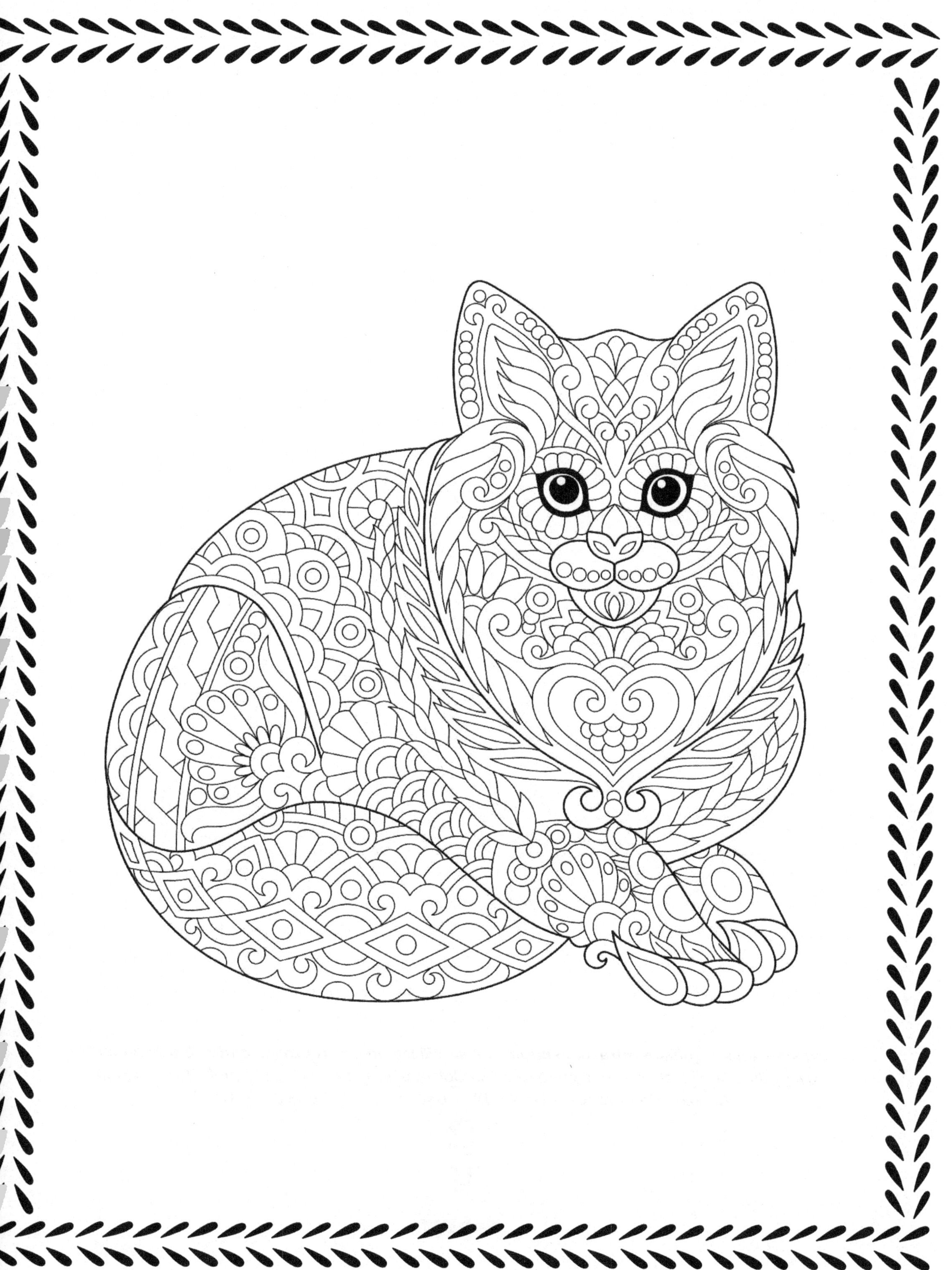

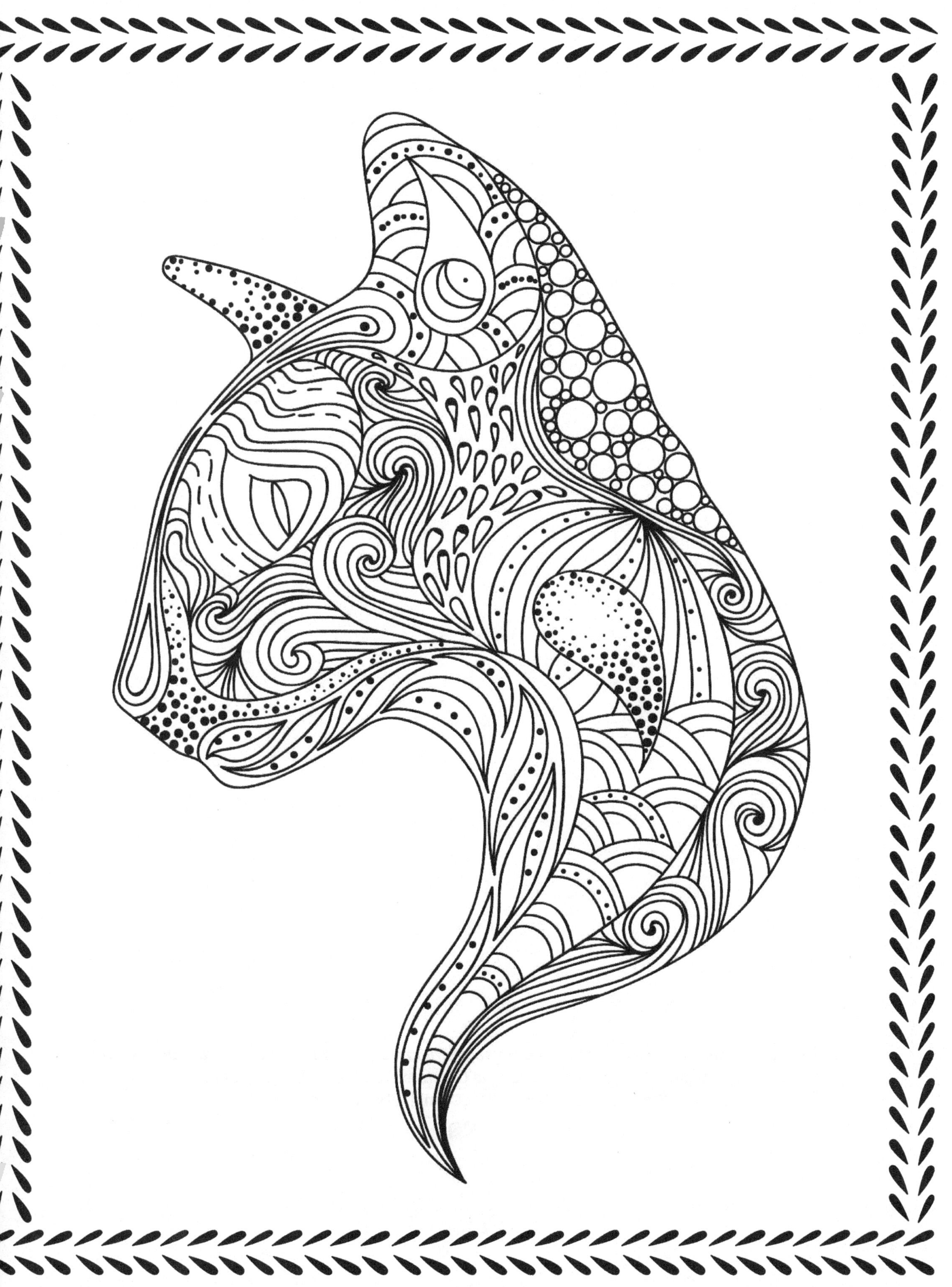

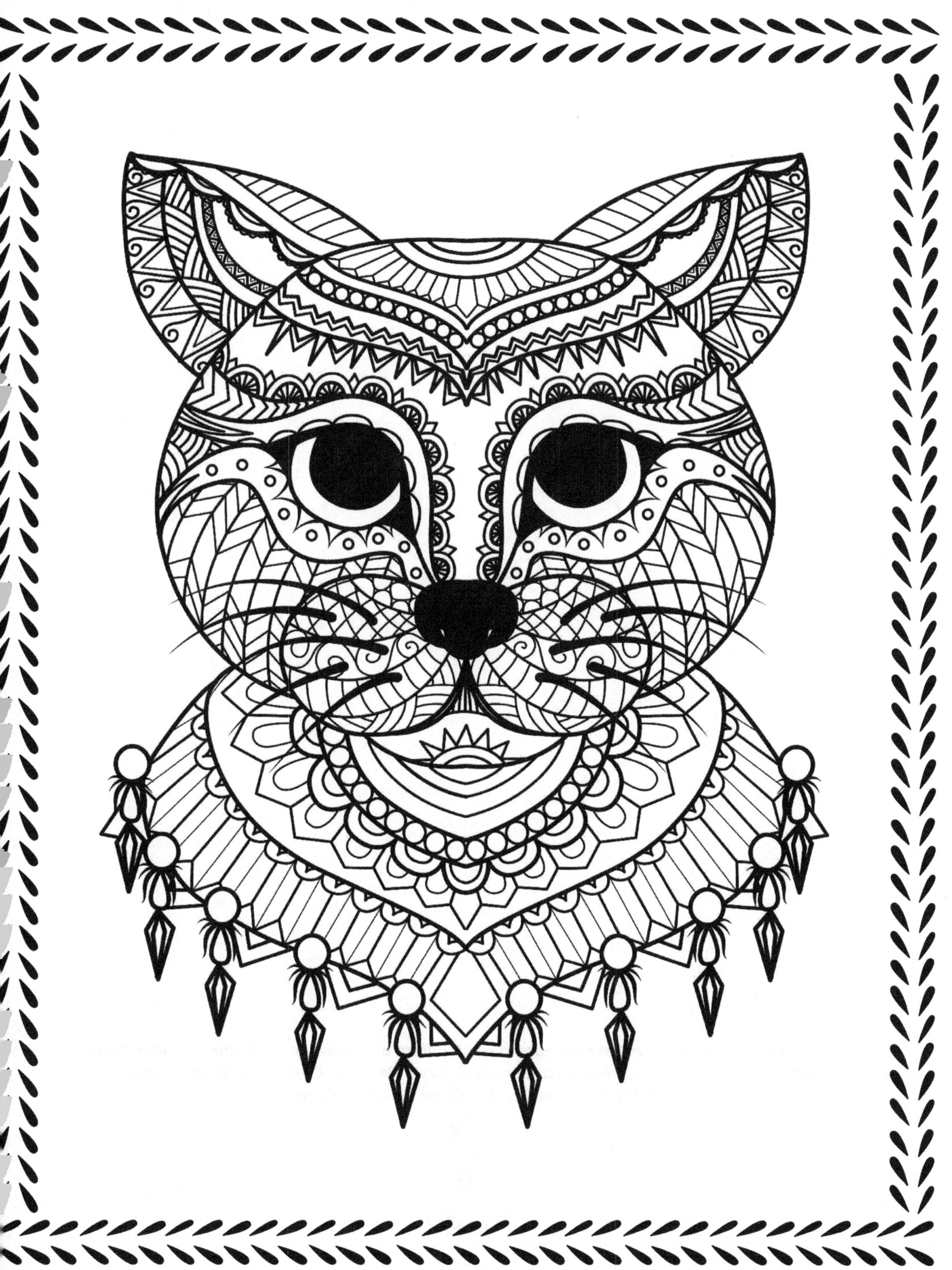

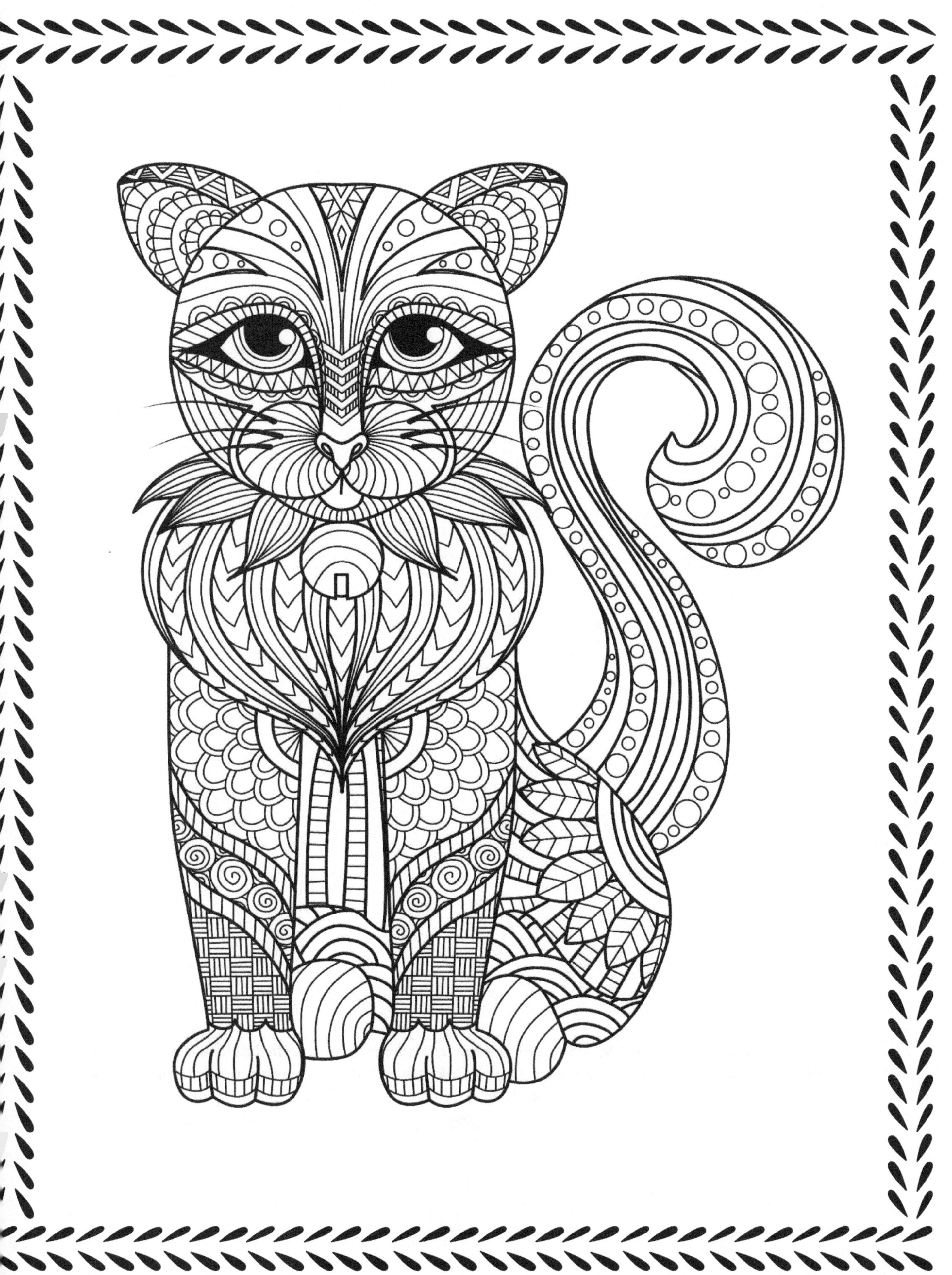

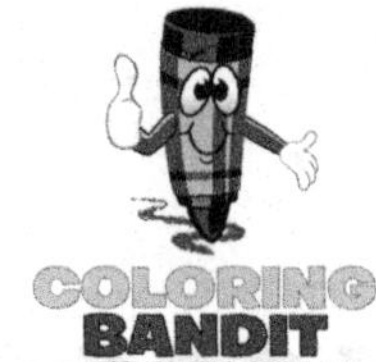

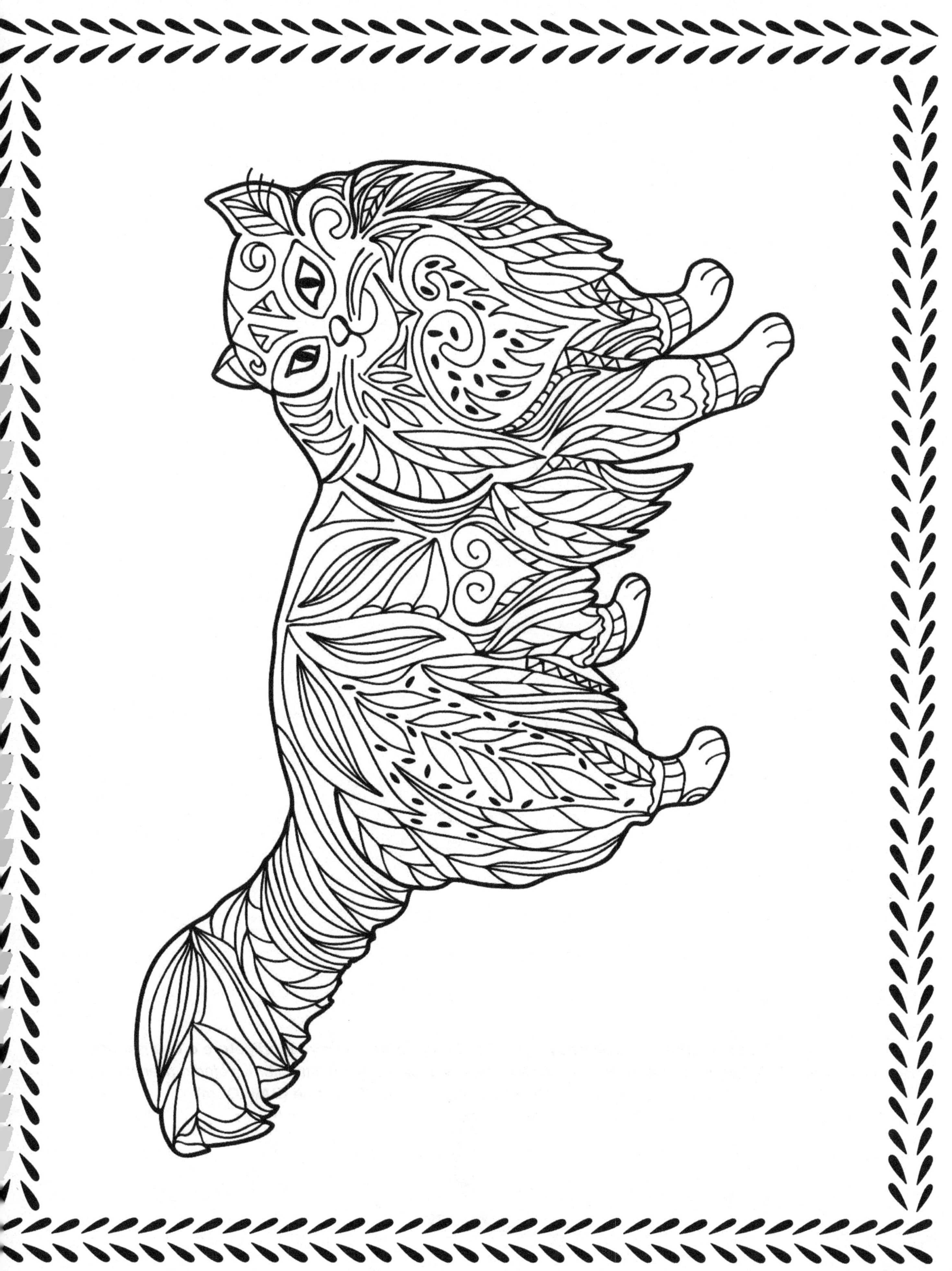

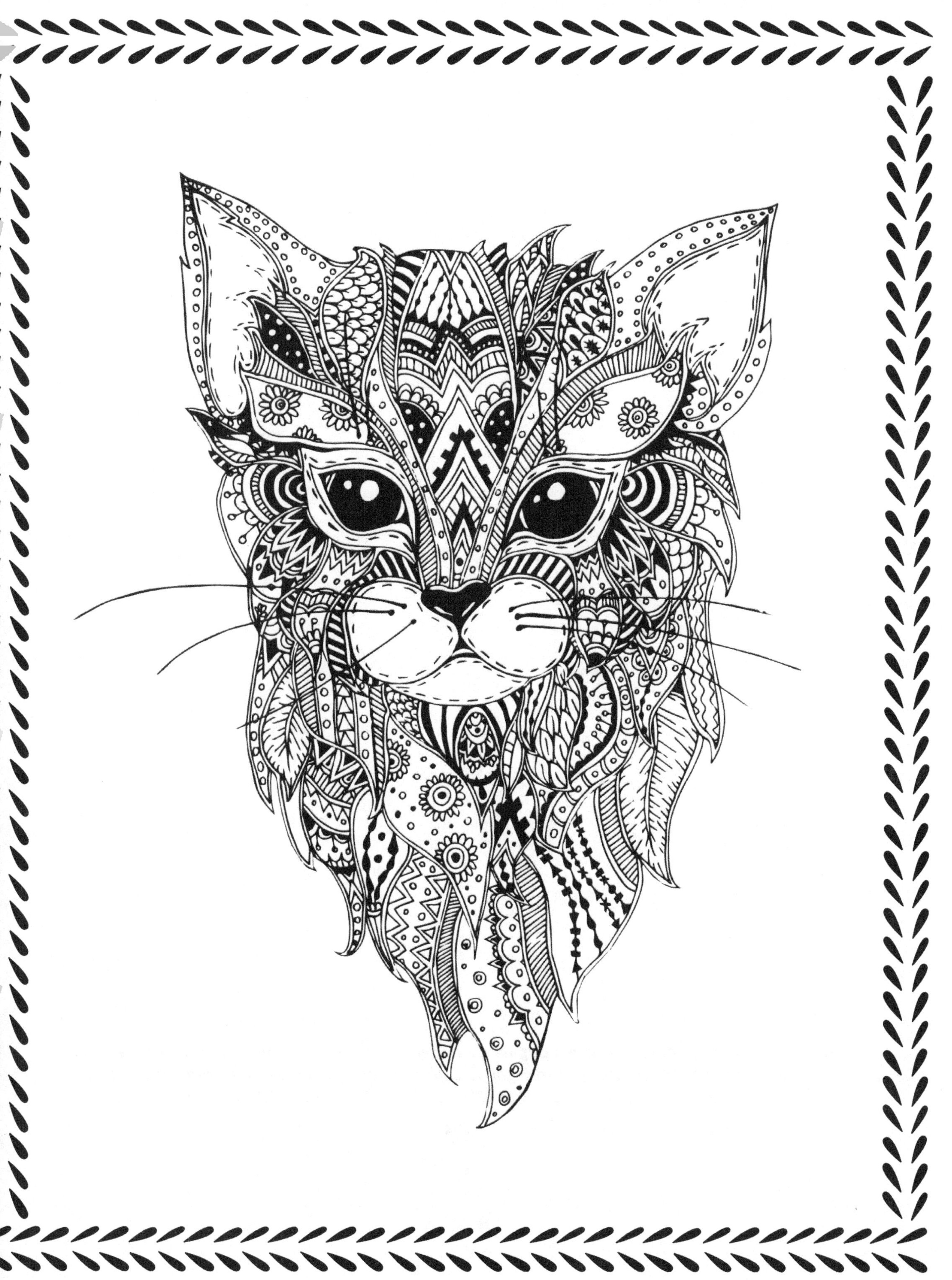

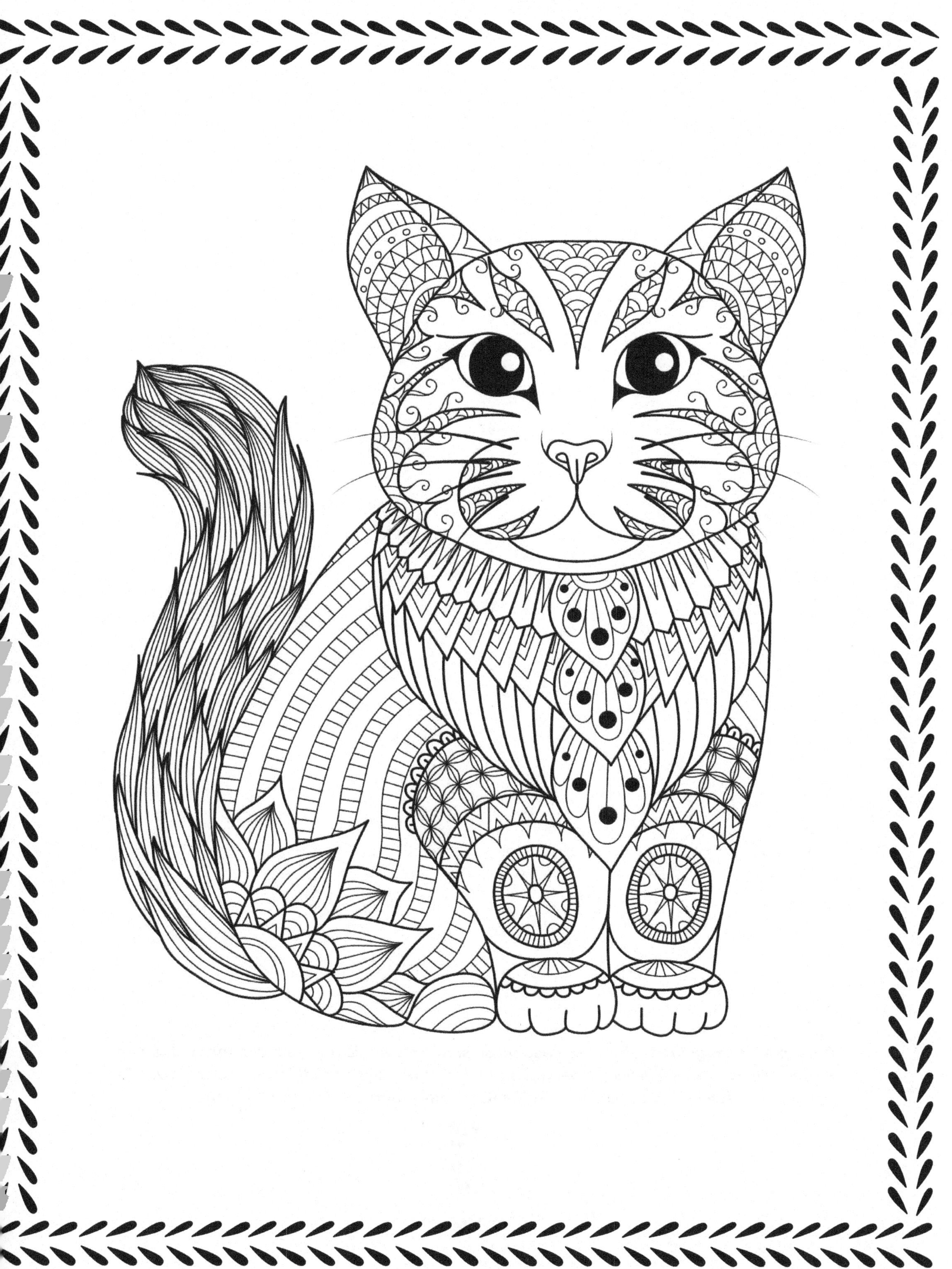

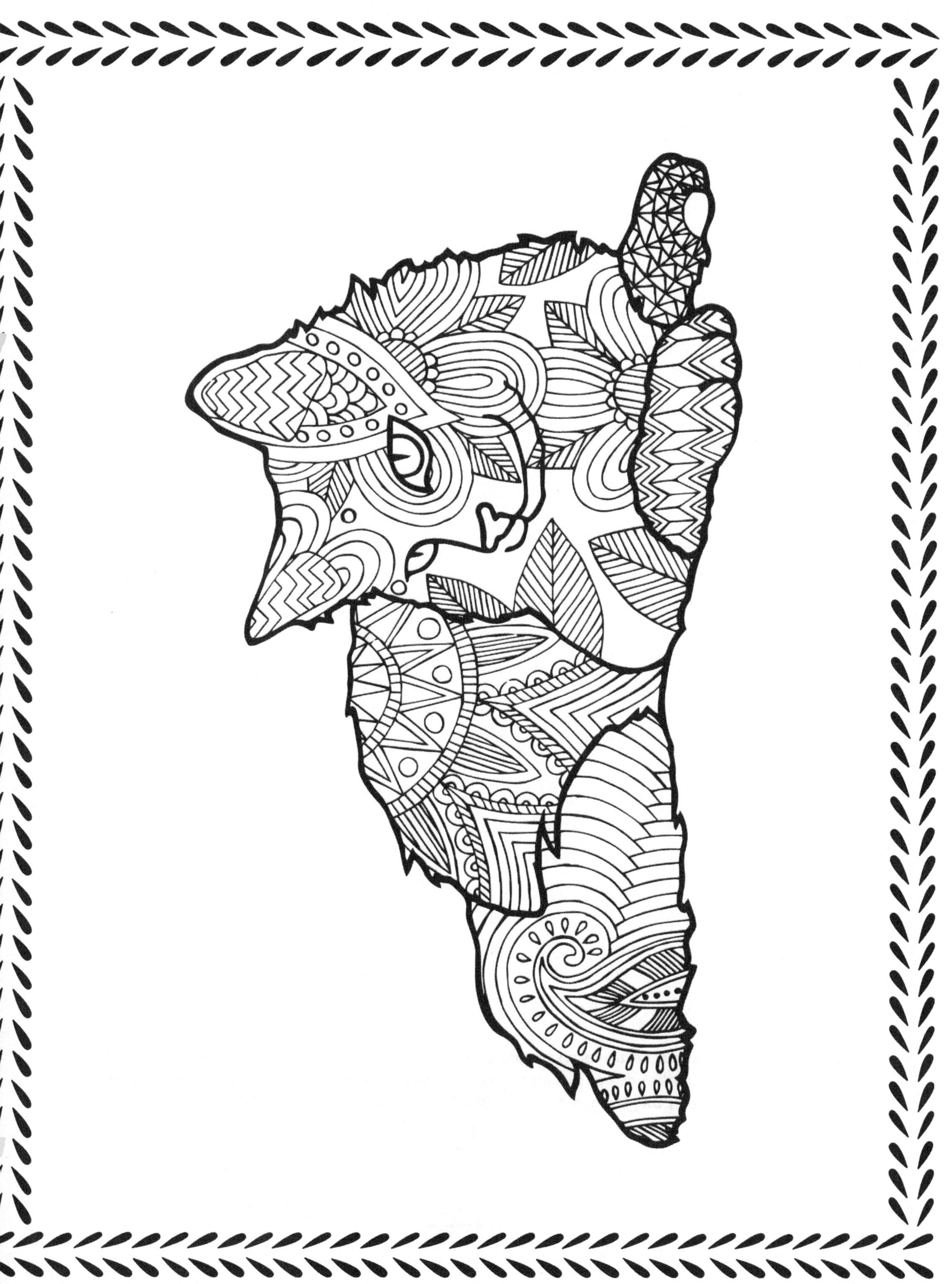

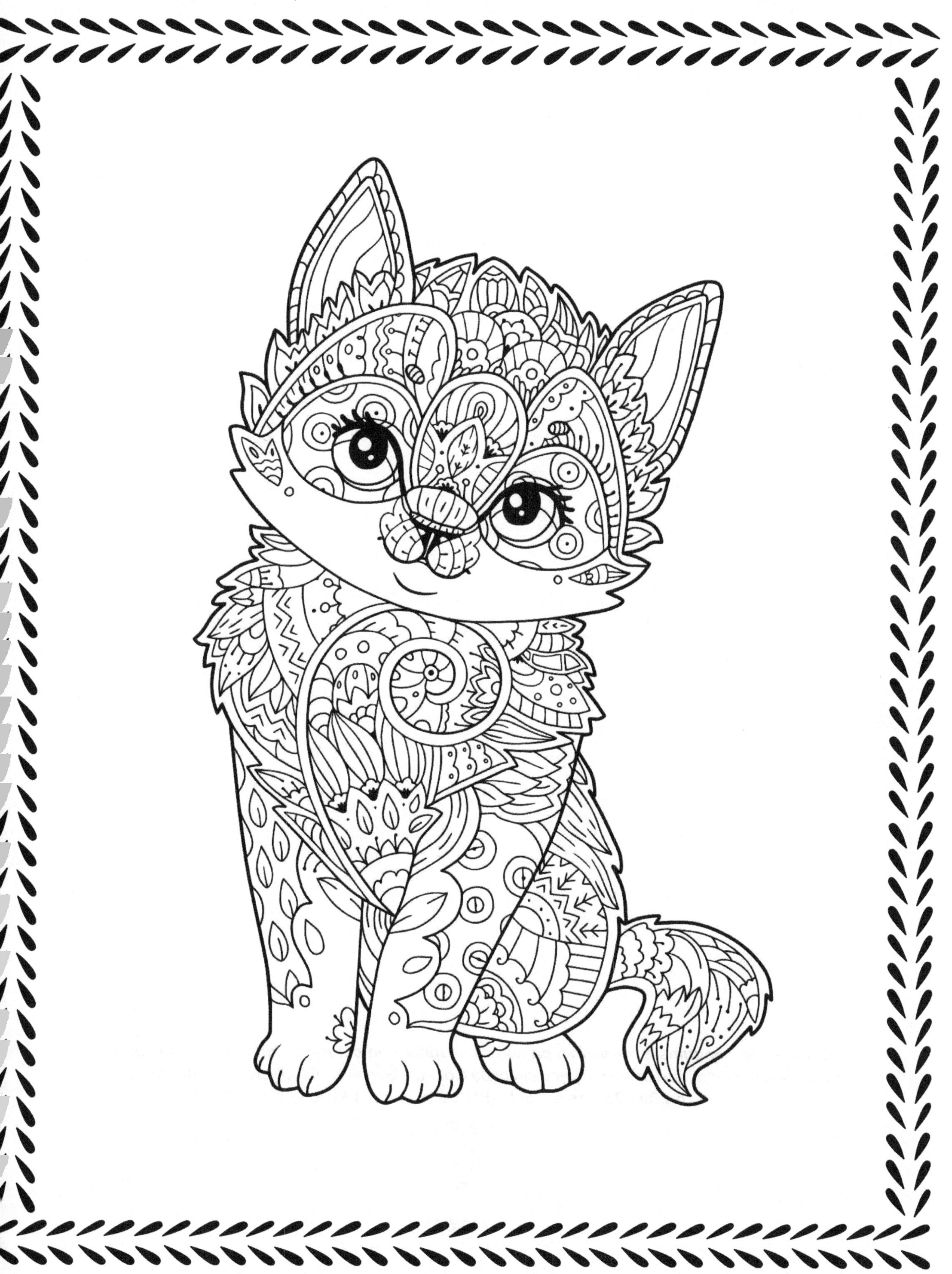

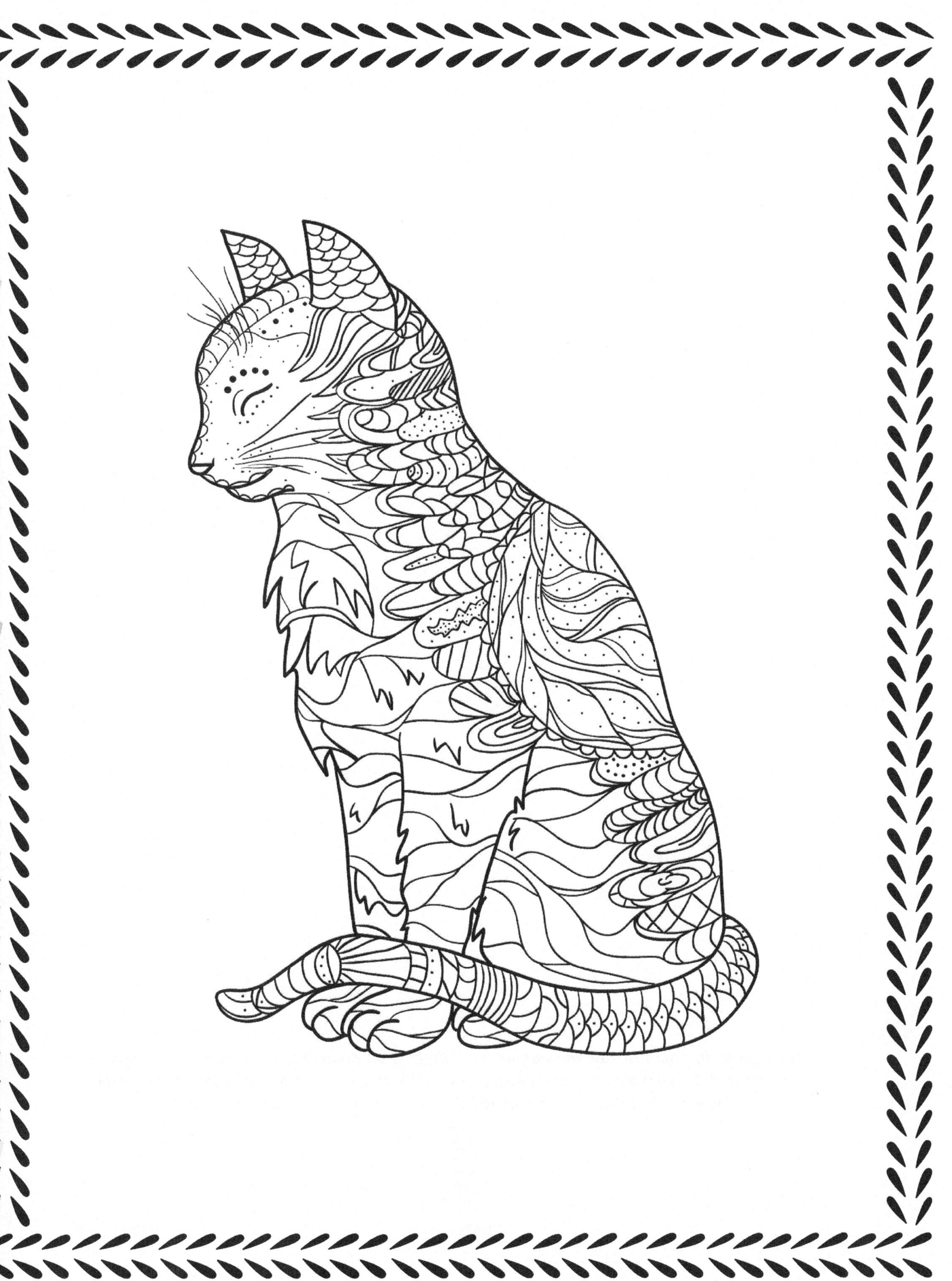

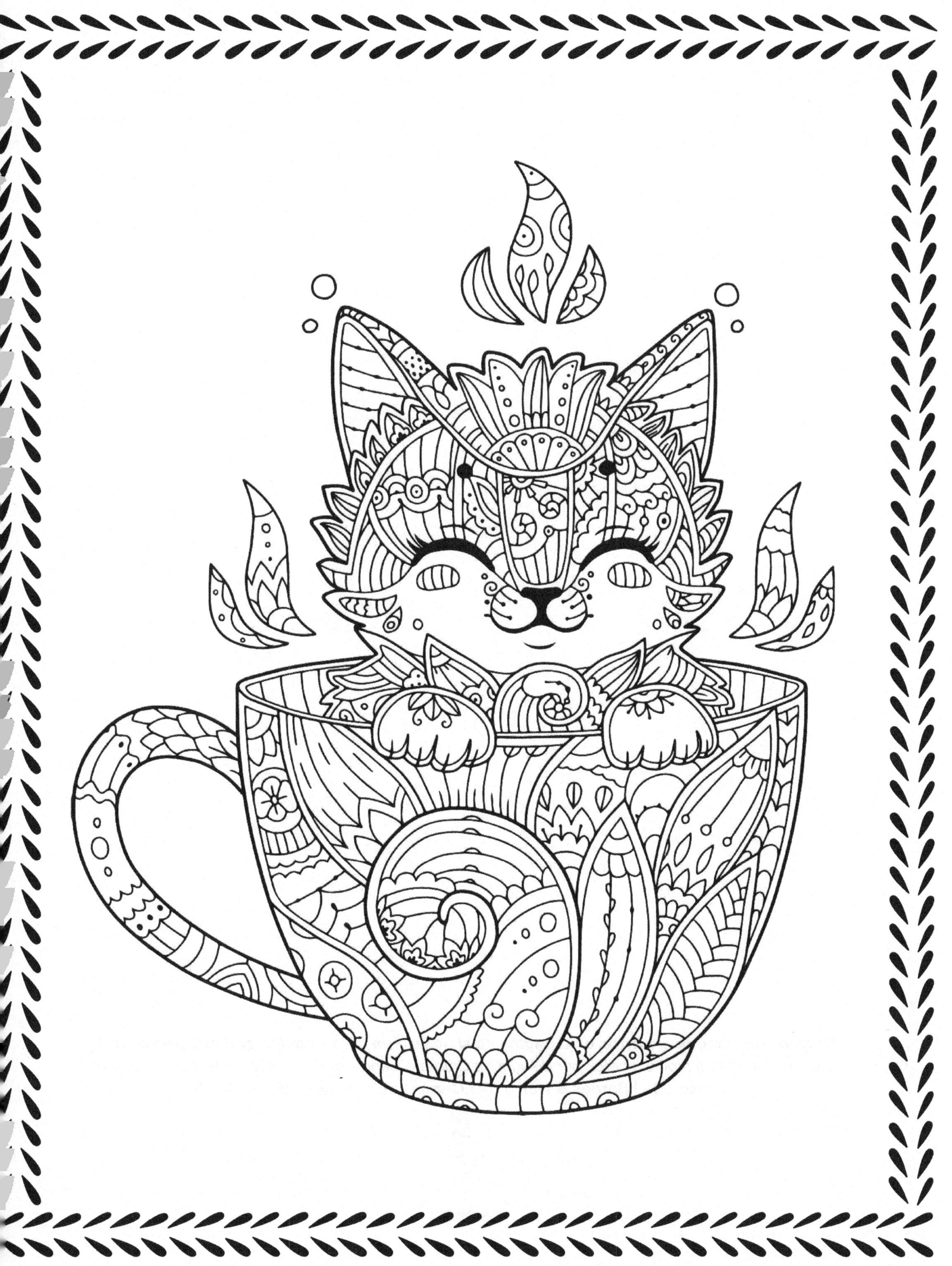

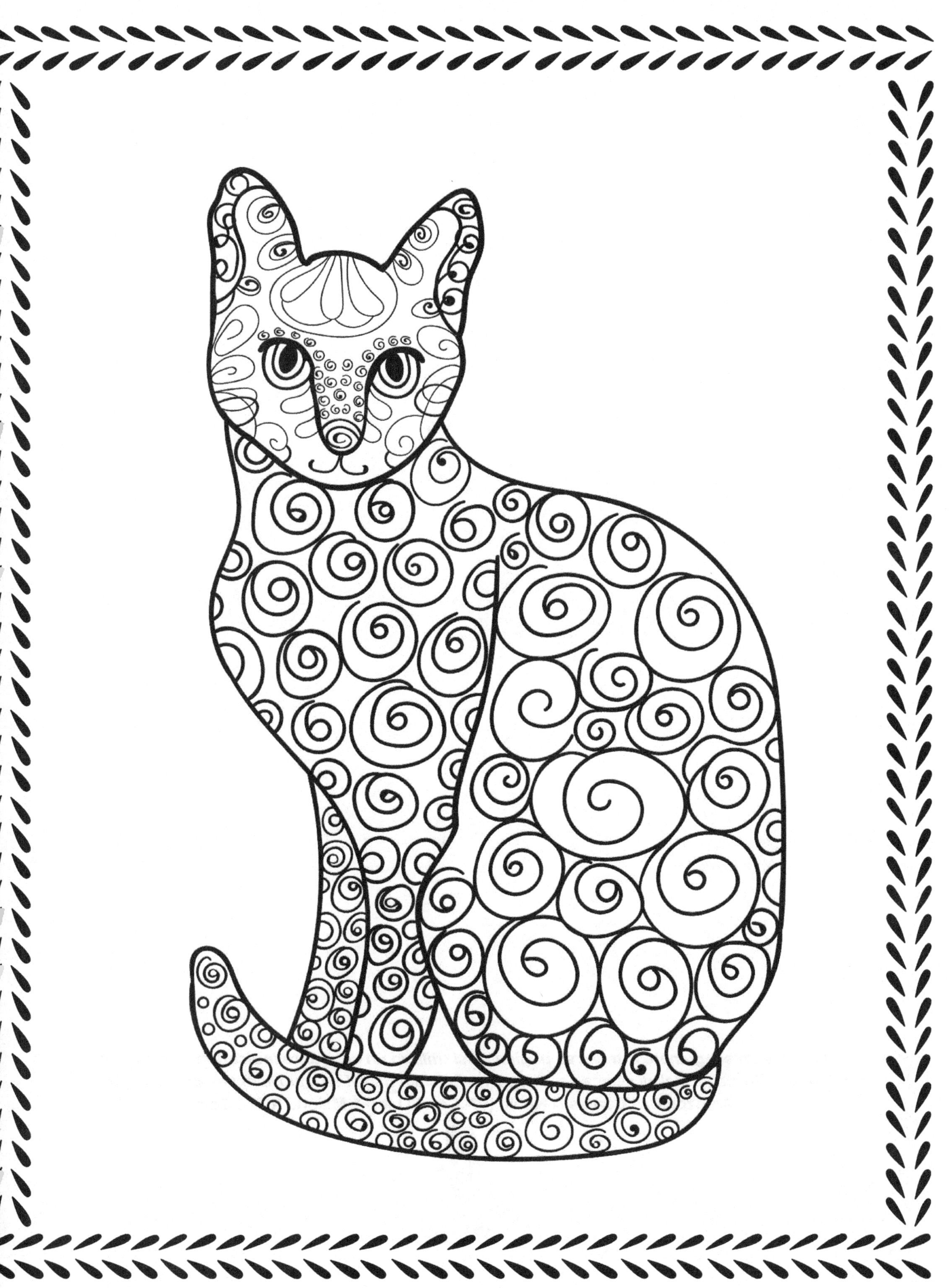

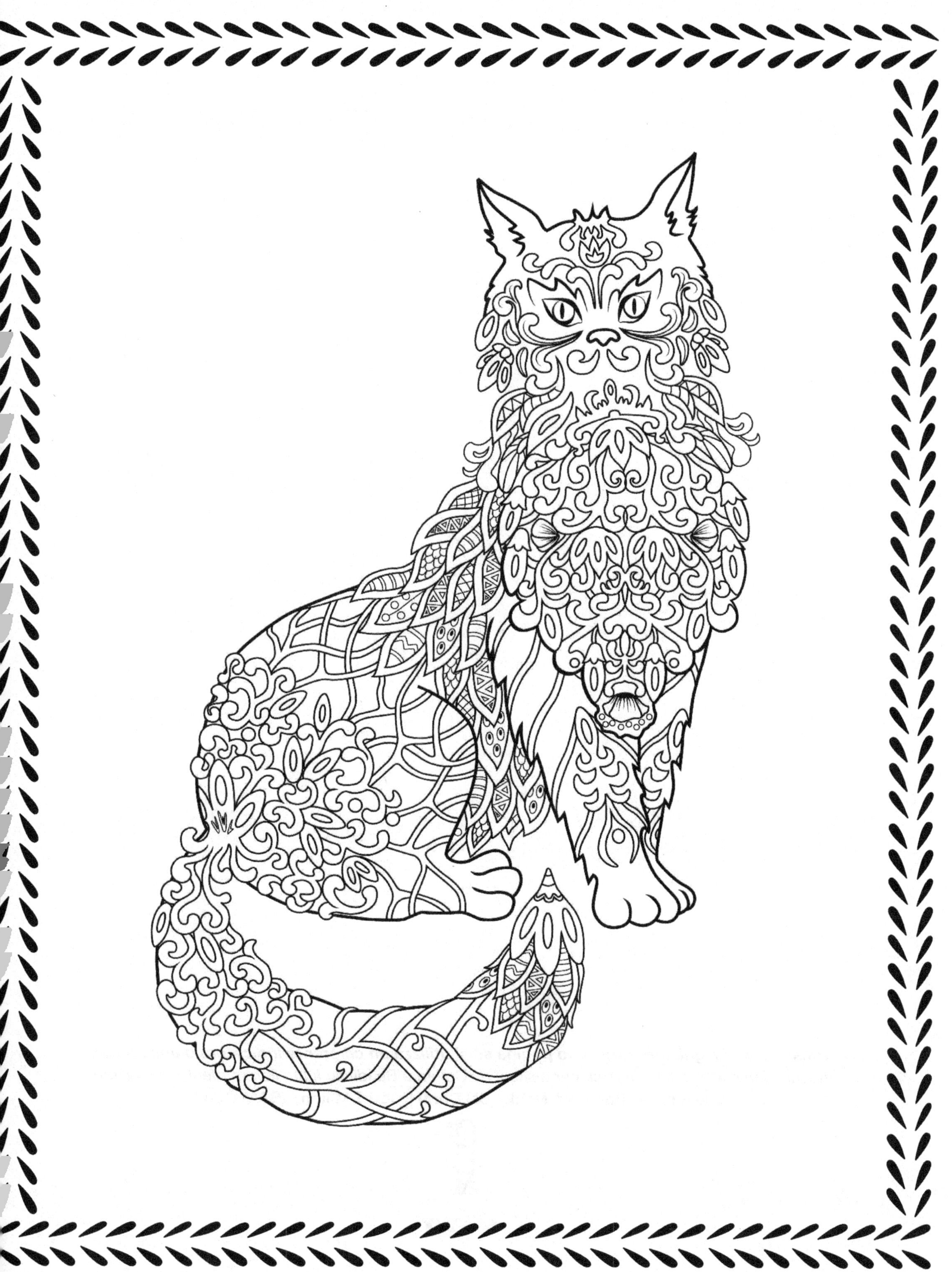

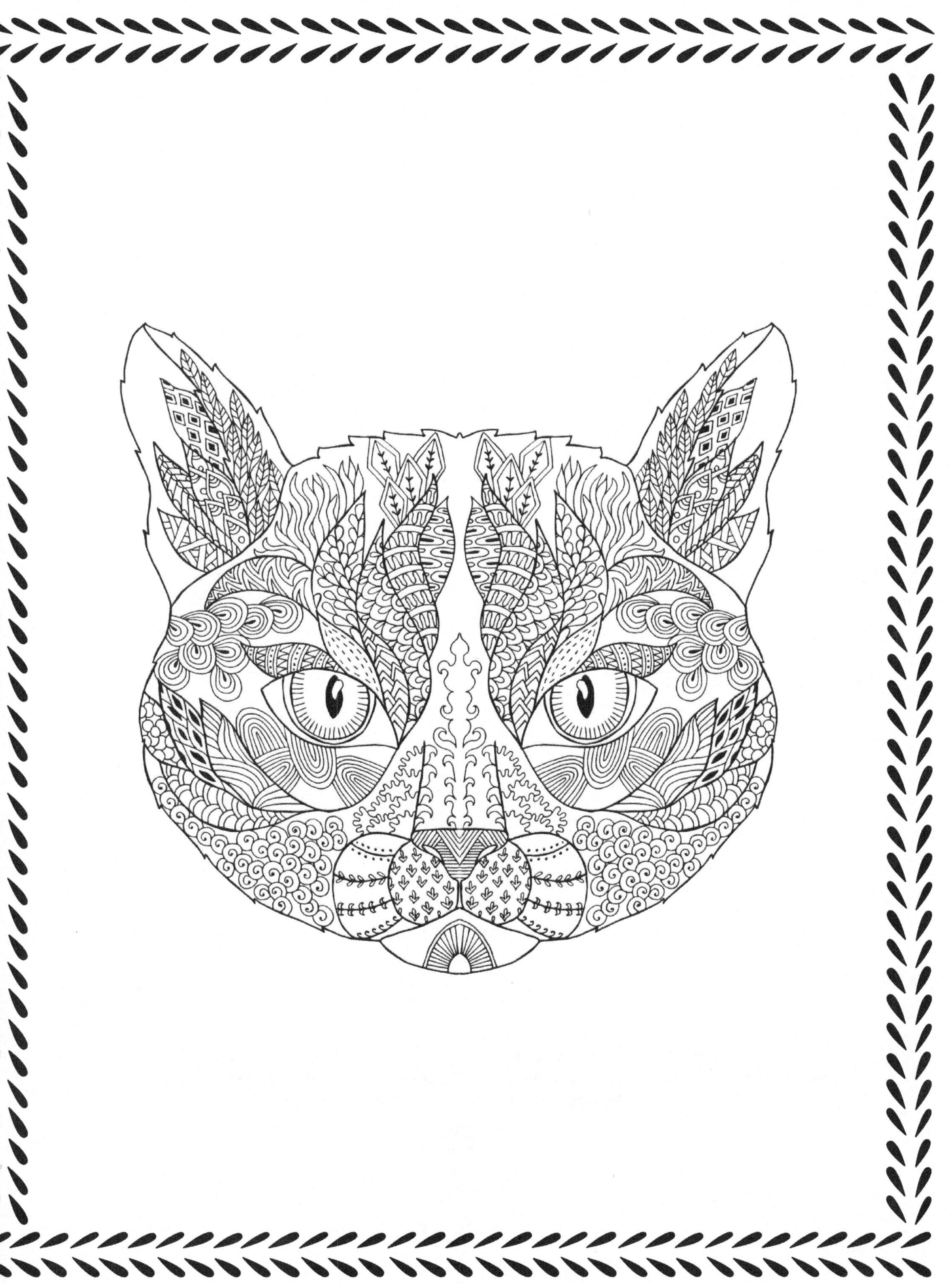

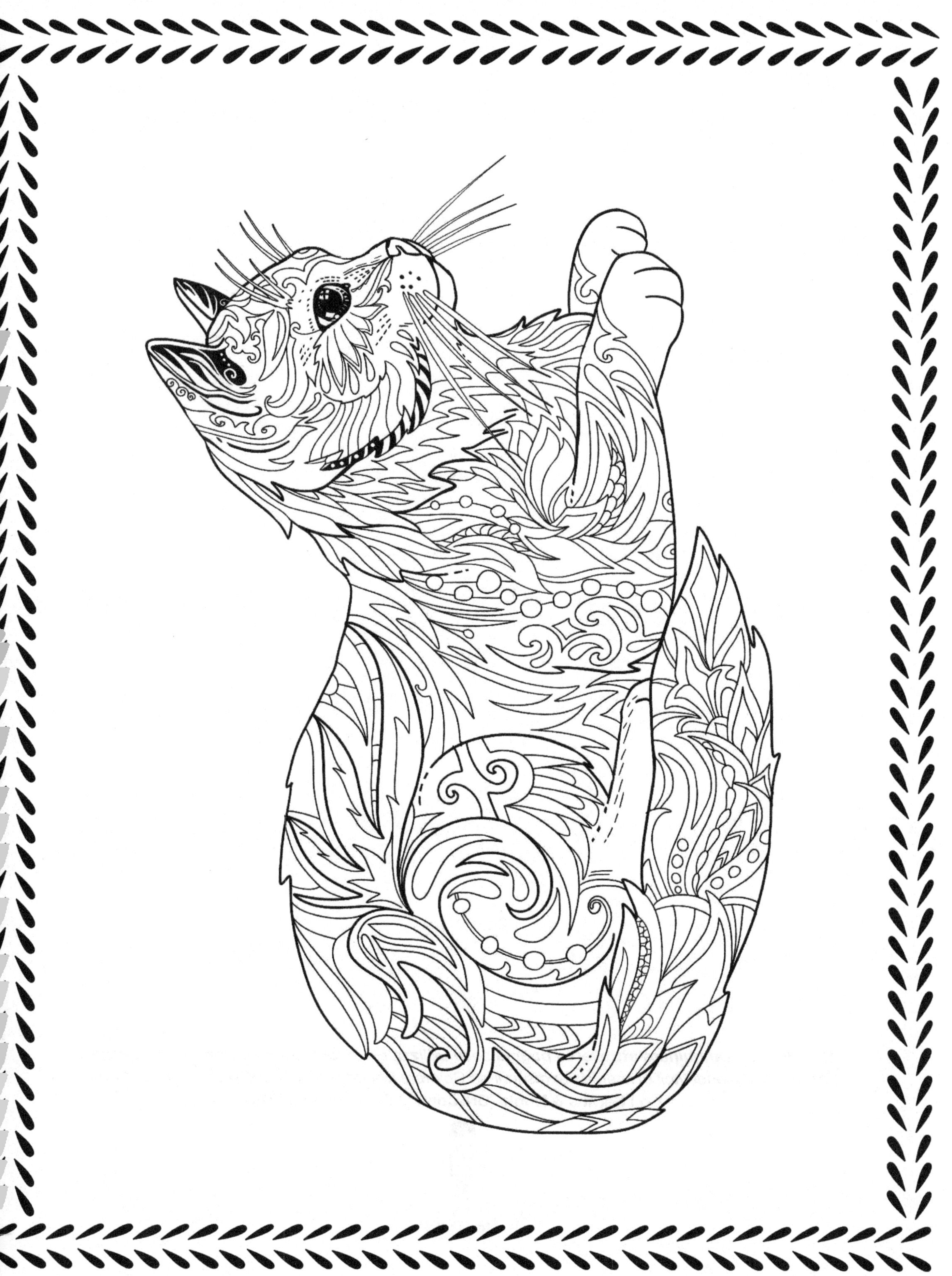

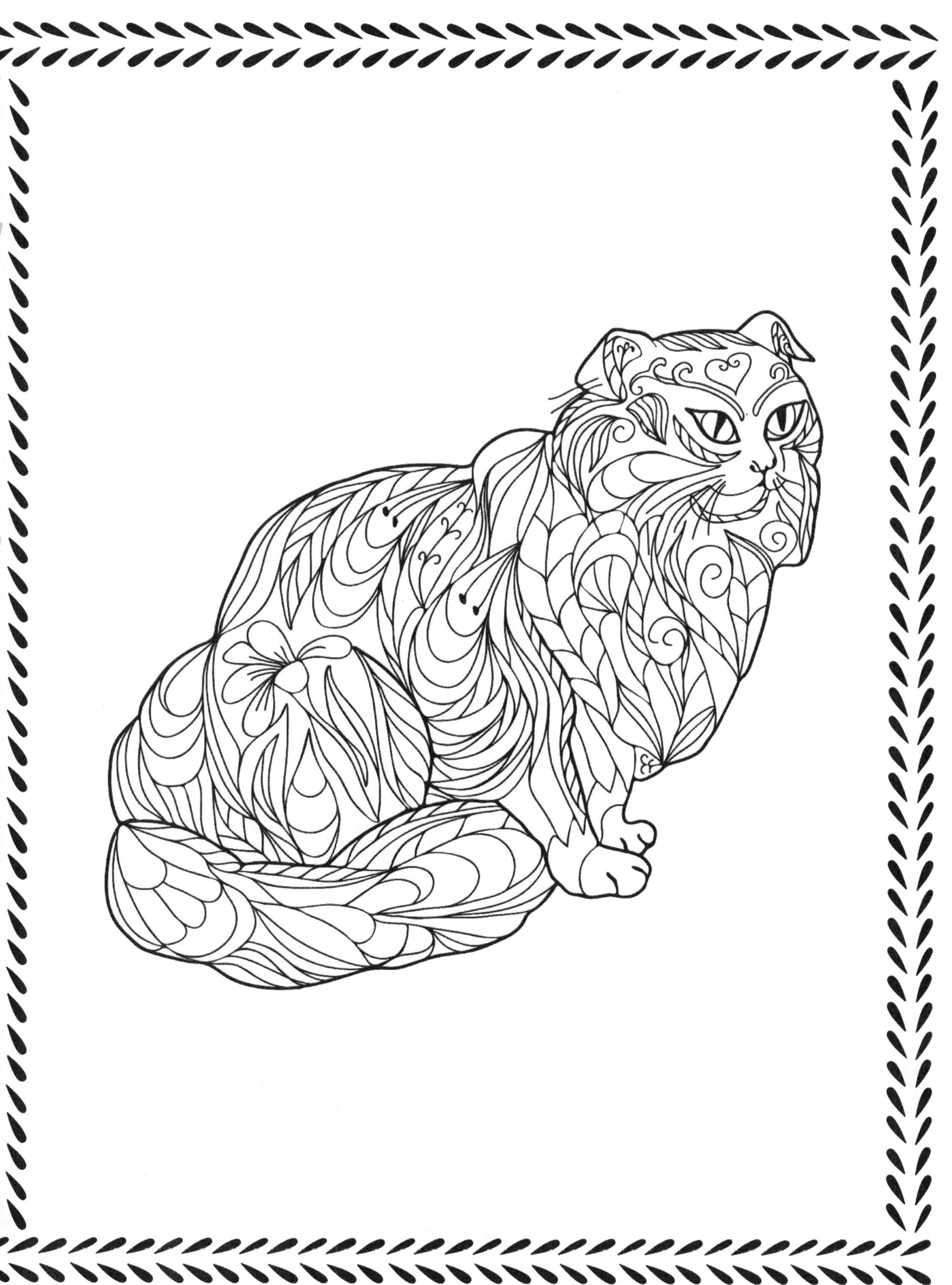

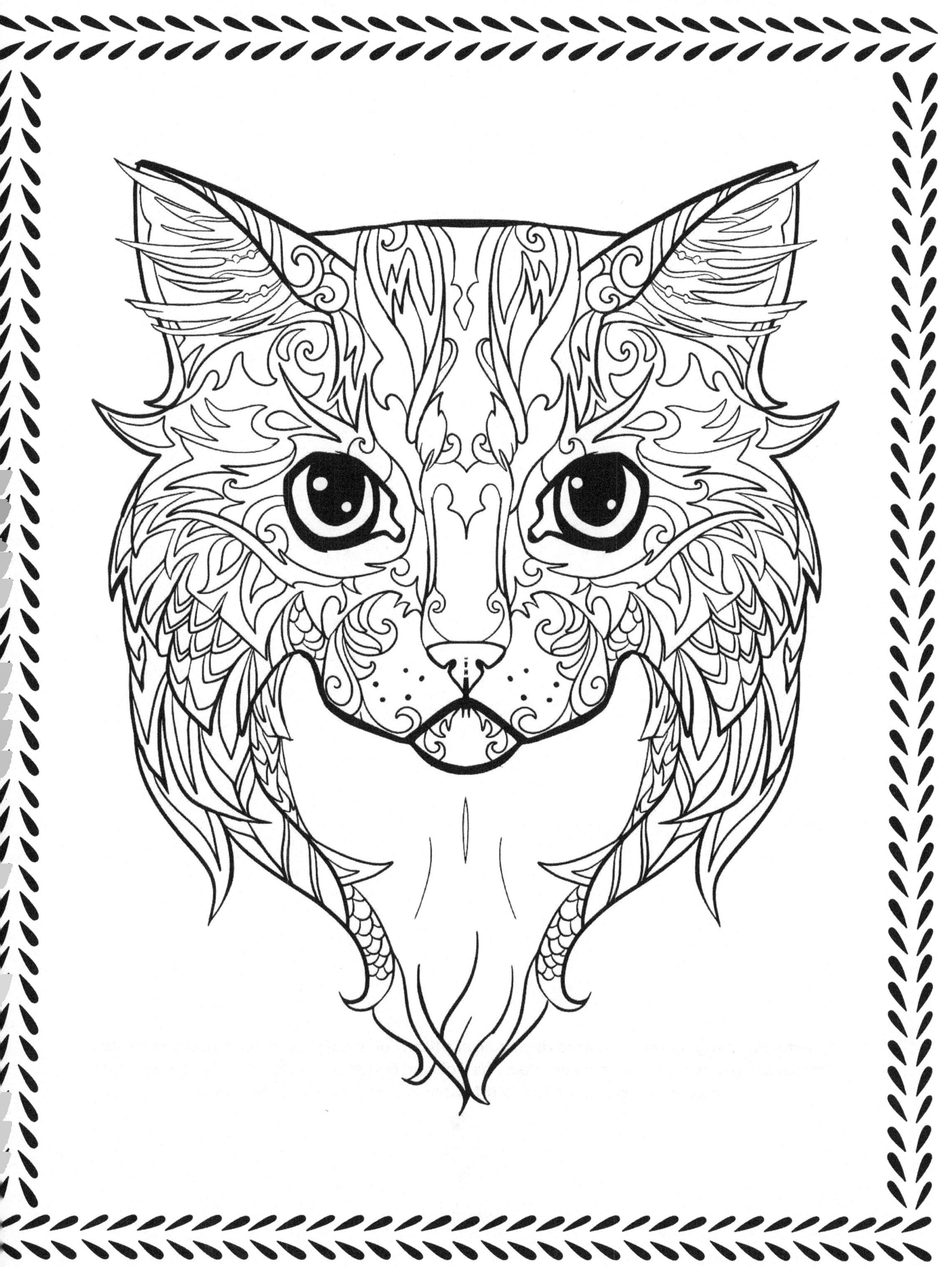

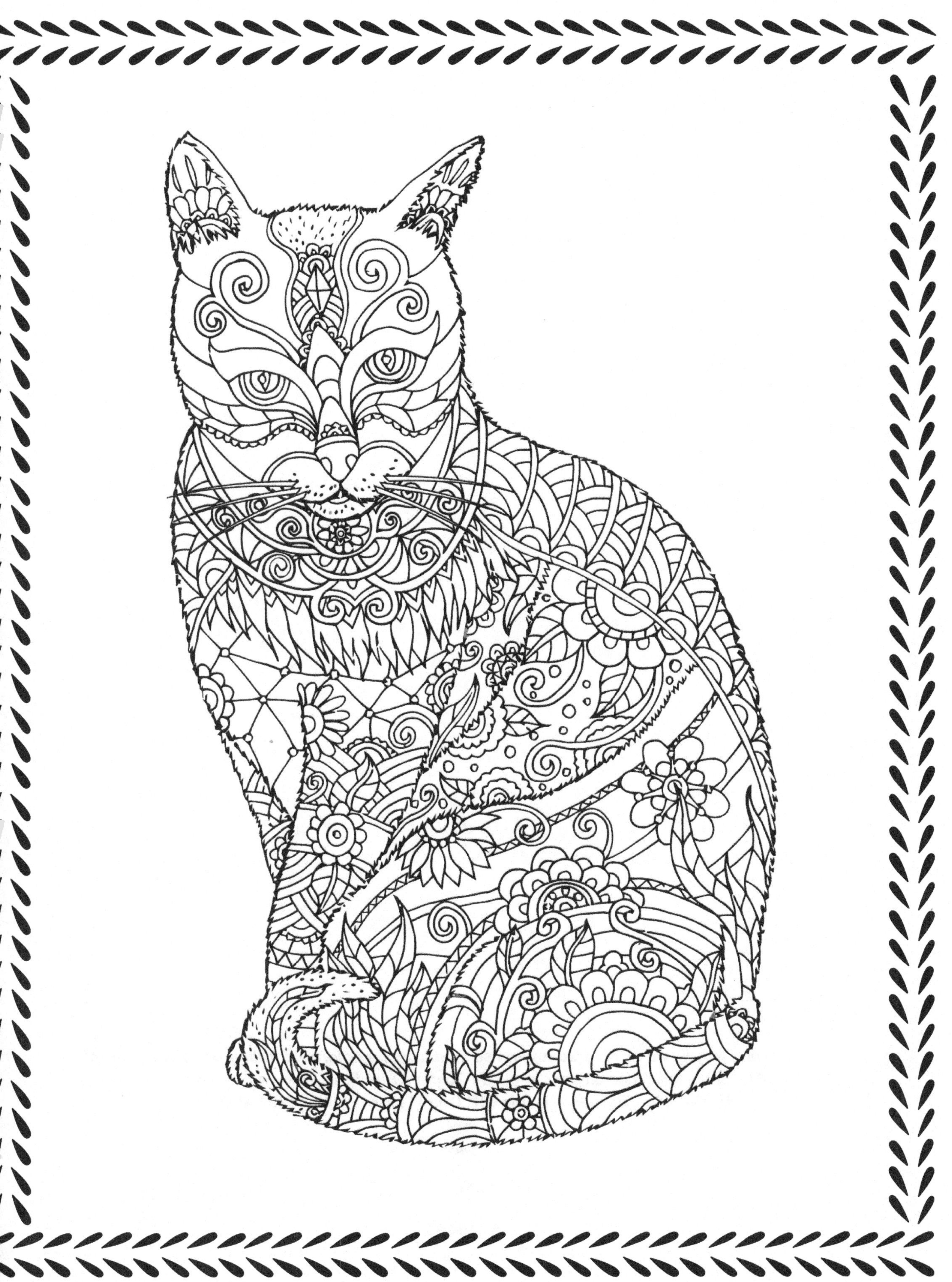

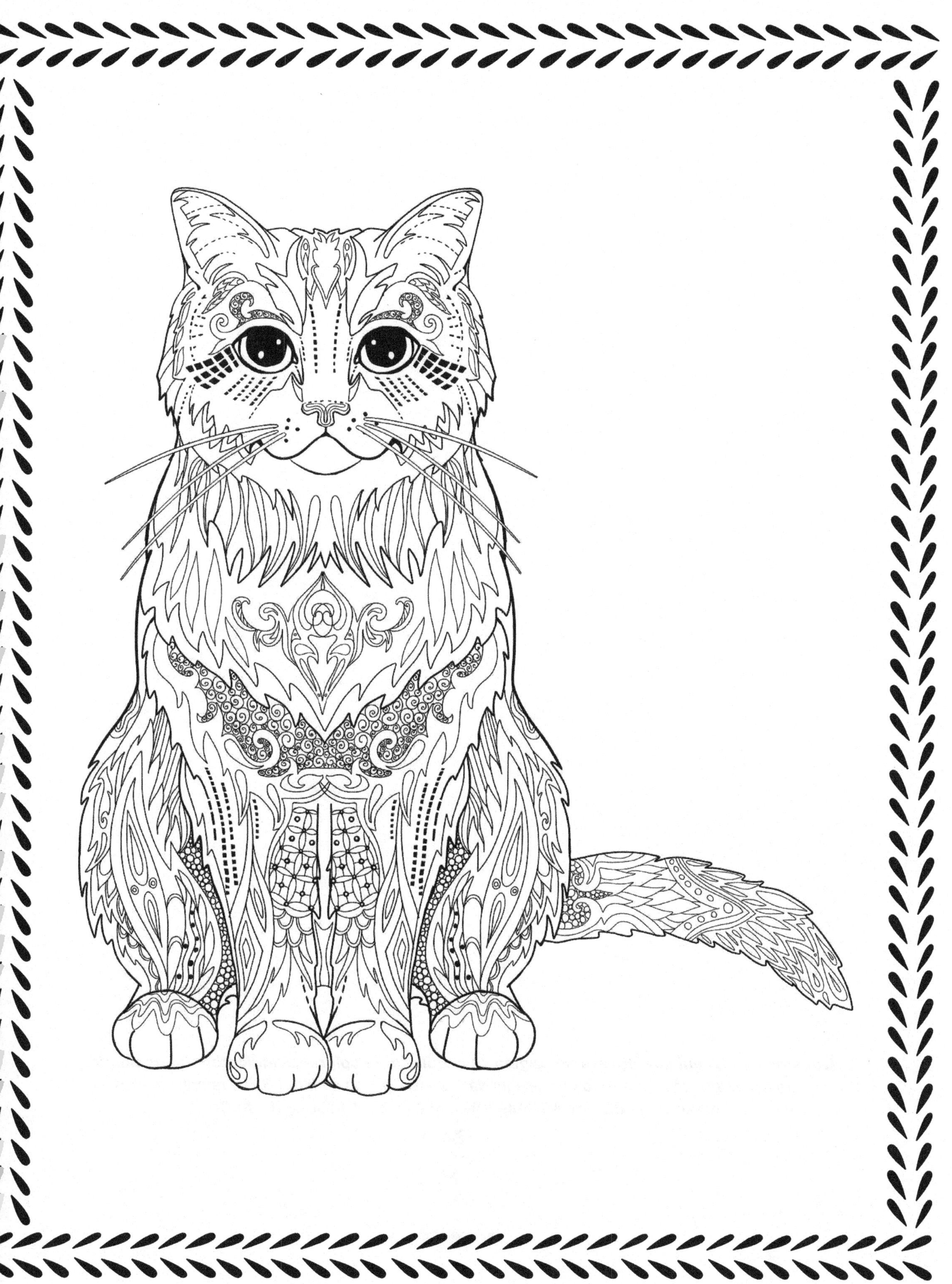

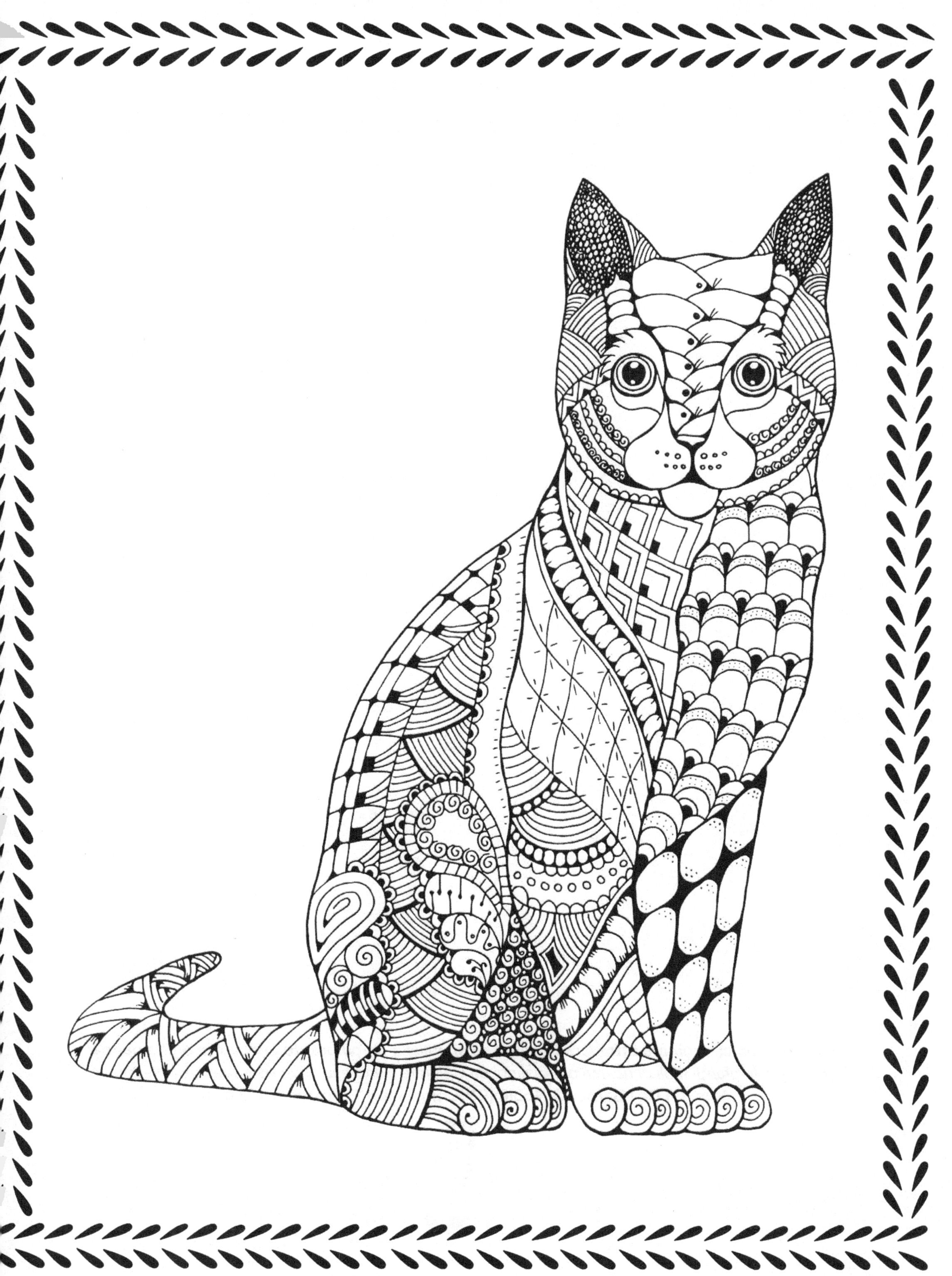

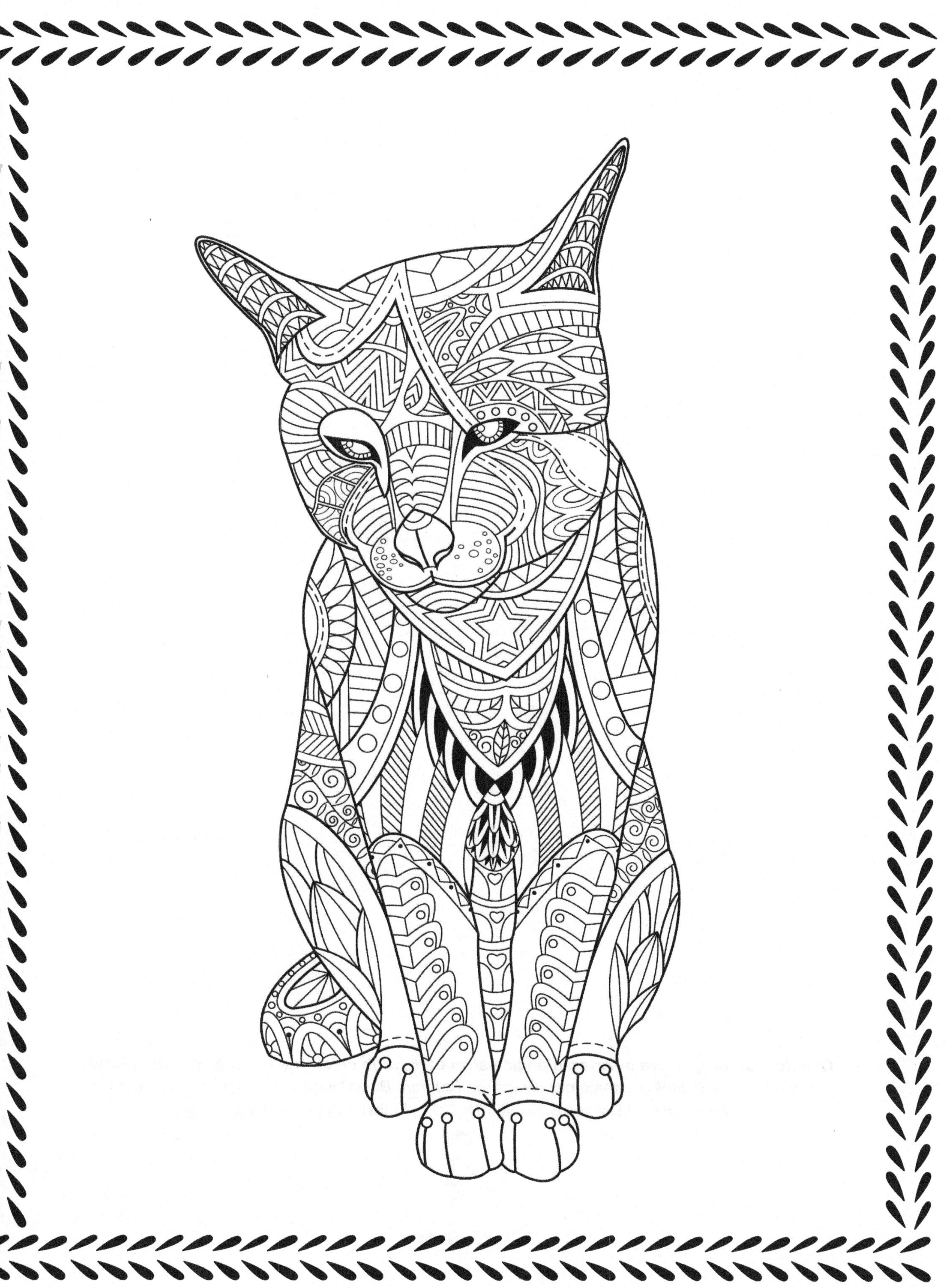

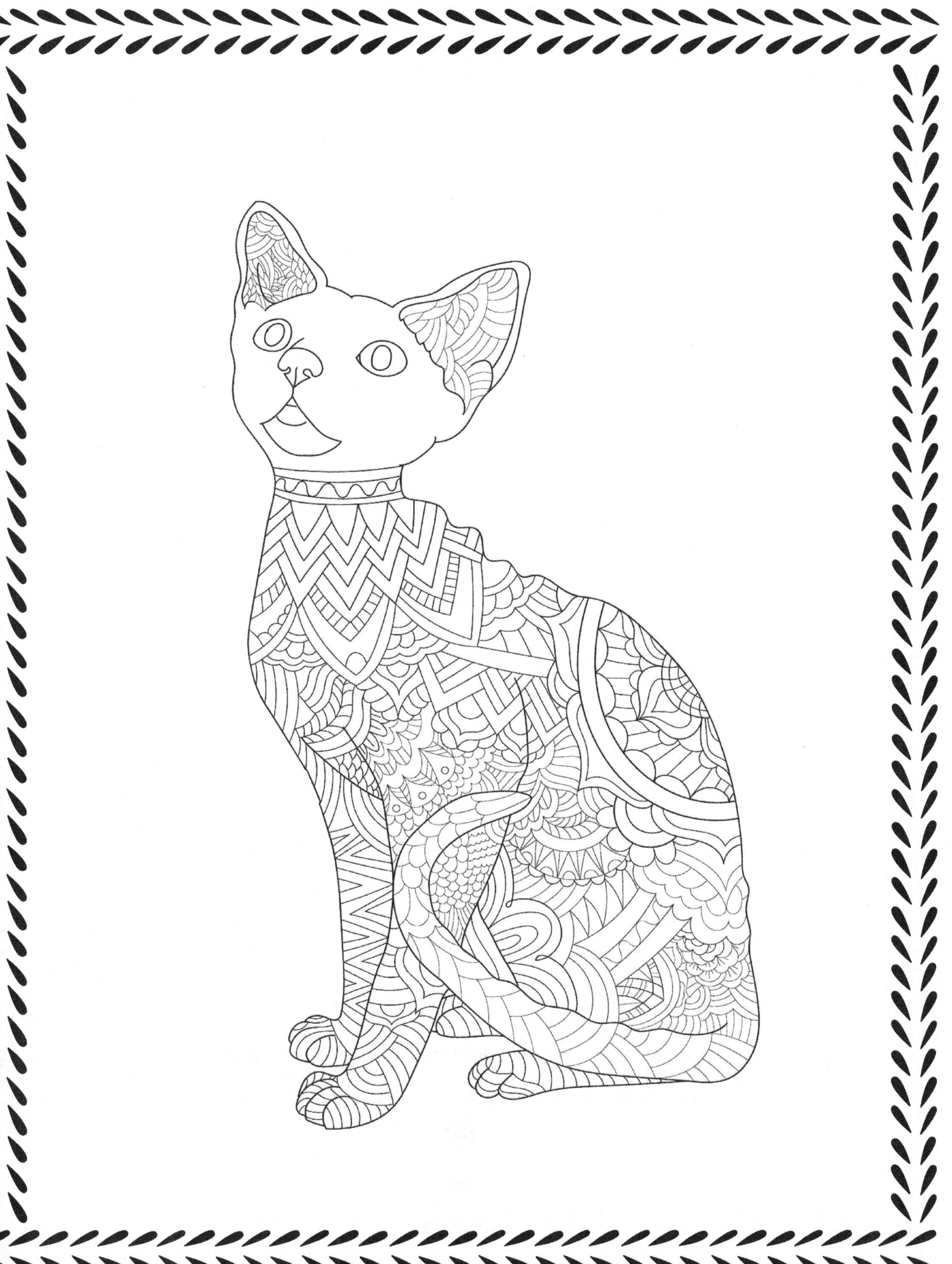

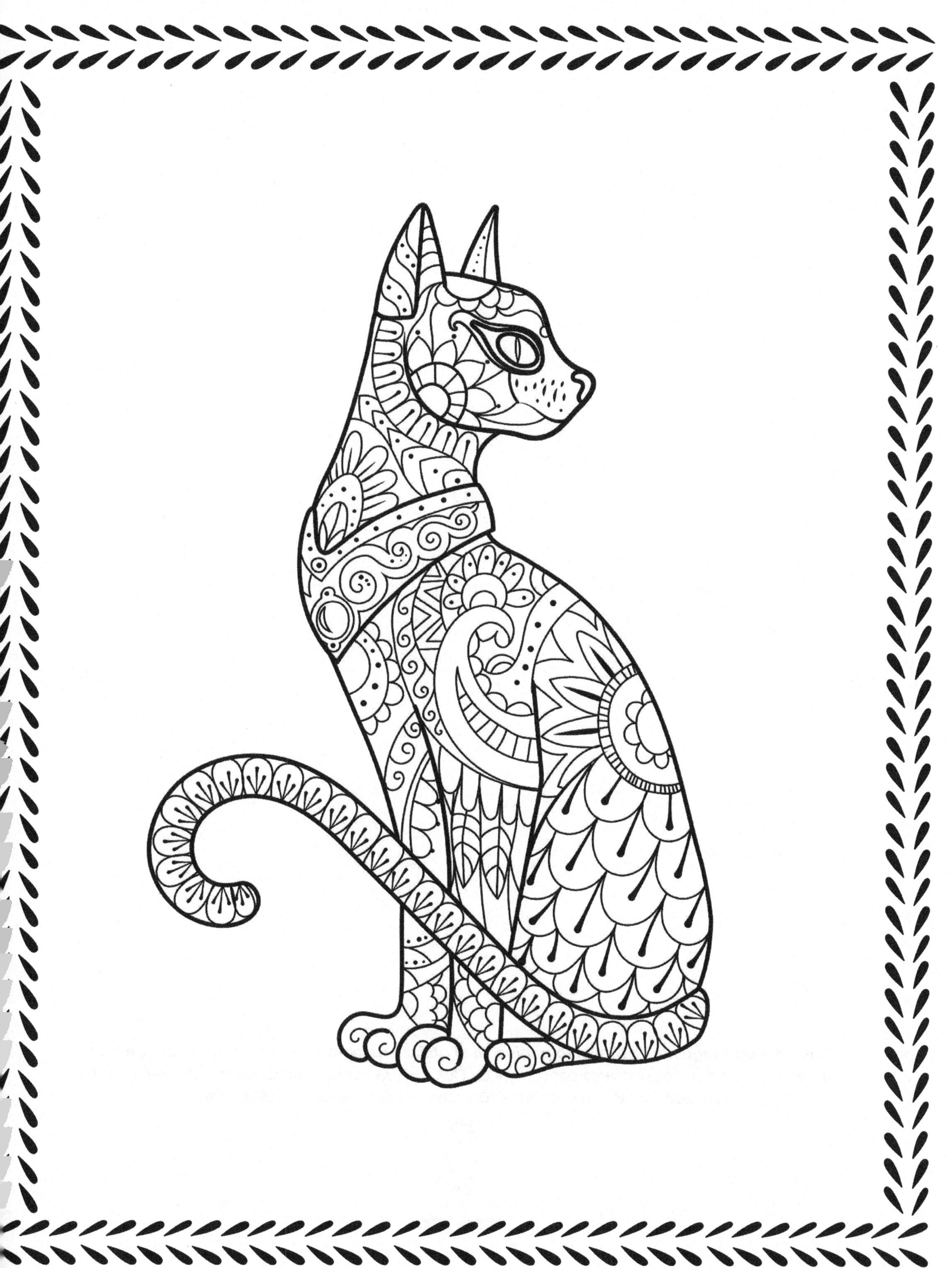

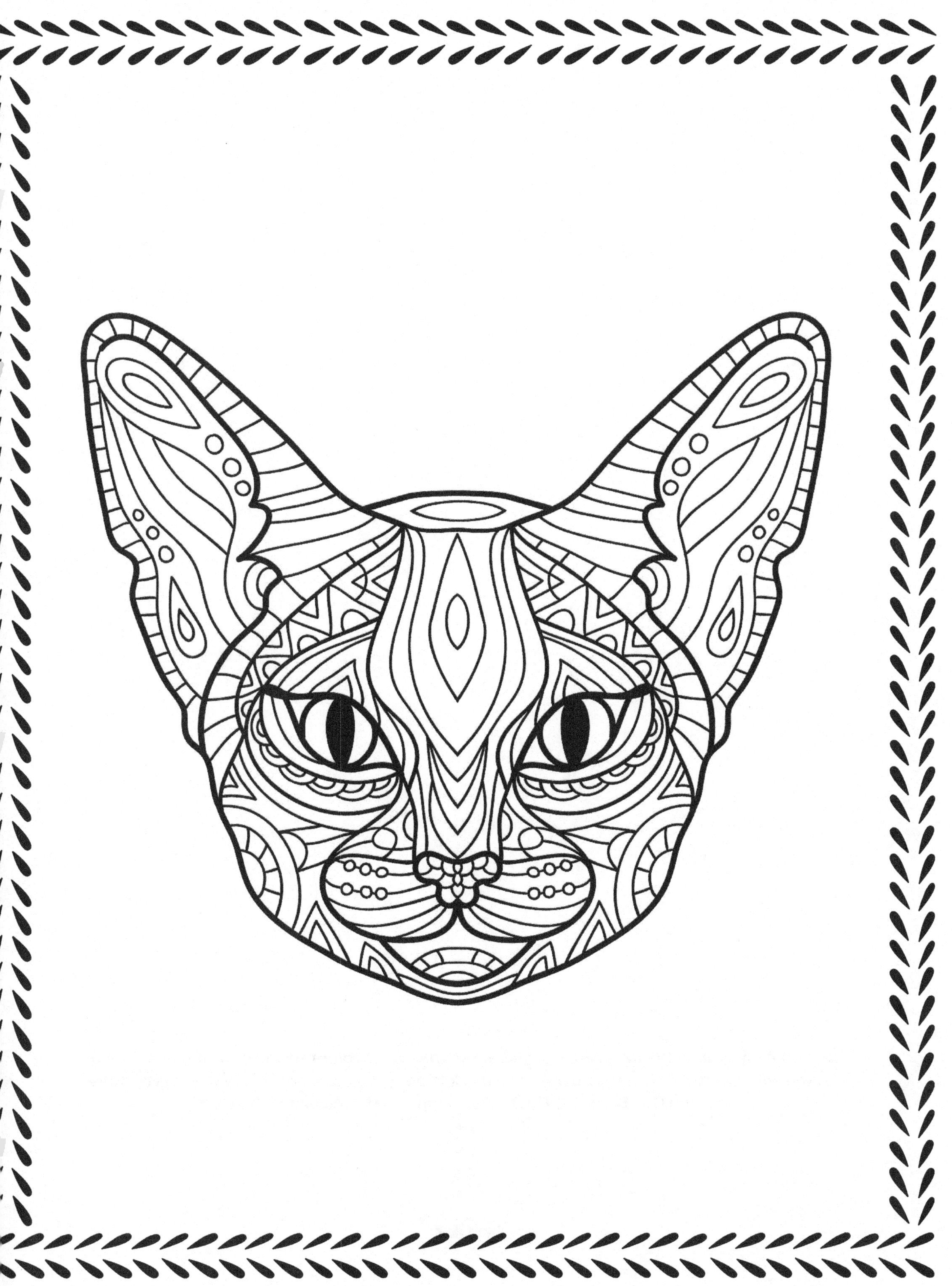

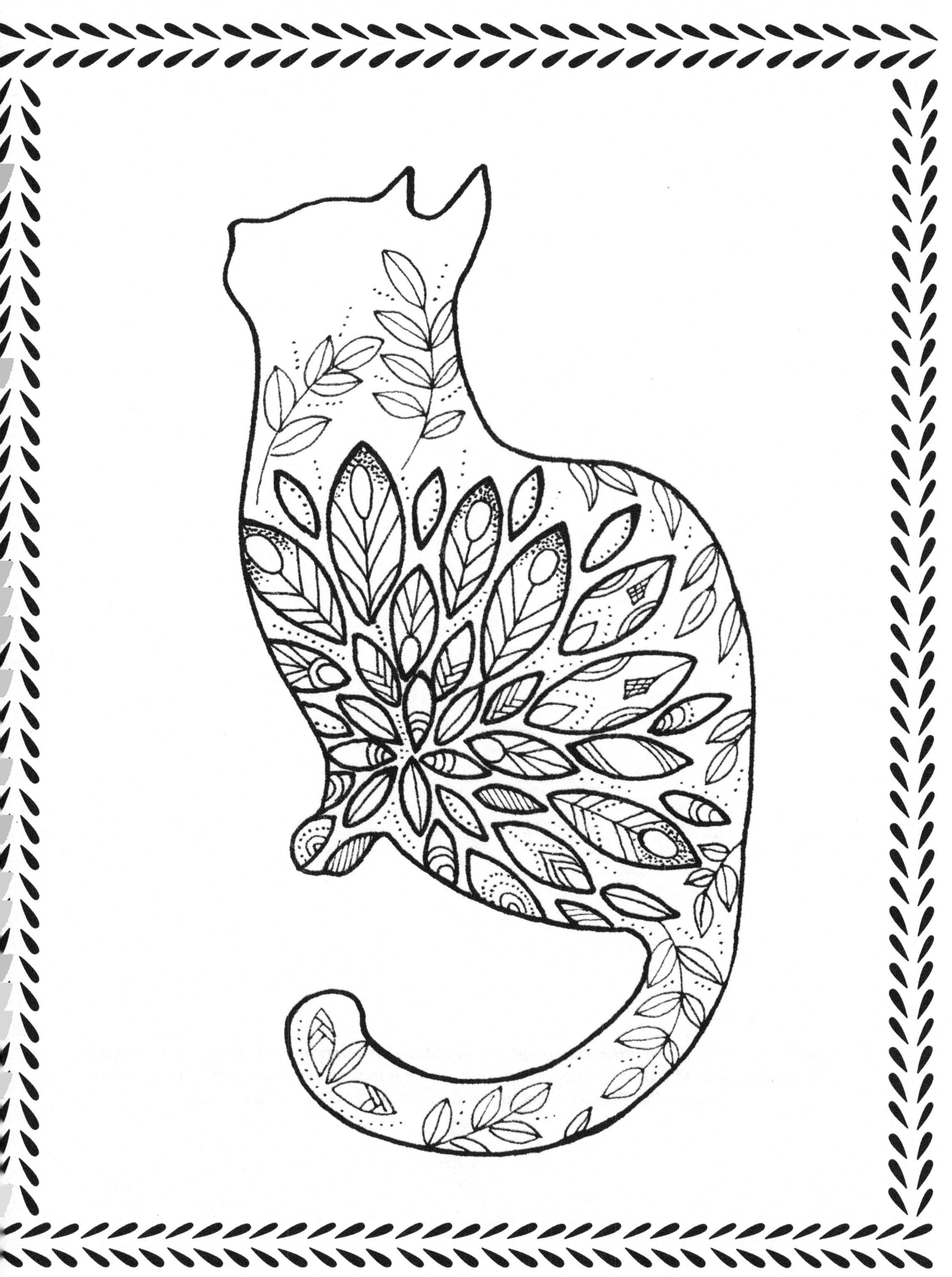

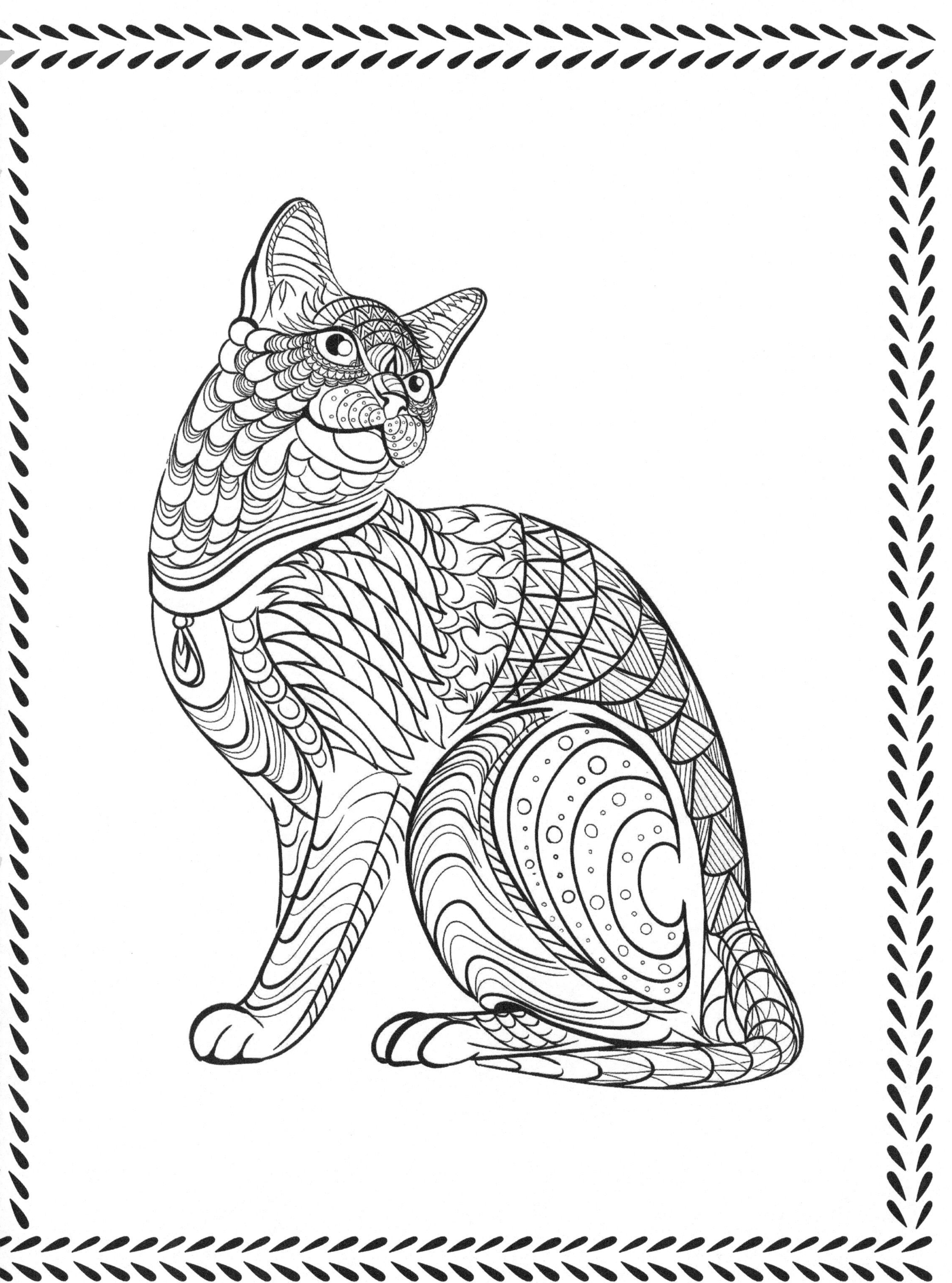

Made in the USA
Monee, IL
07 July 2026

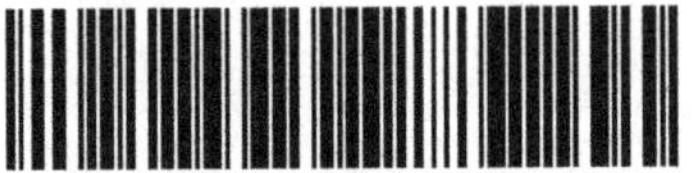

56545395R00037